図解　カール教授と学ぶ
ビジネスモデル超入門!

本書は、2012年12月に刊行された『カール教授と学ぶ　成功企業31社のビジネスモデル超入門！』（B5判）をリサイズ・再編集したものです

はじめに

最近、ビジネスモデルやイノベーション、経営戦略という言葉を新聞、雑誌、書籍などでよく目にします。

それらの多くは学者やコンサルタントなどによって書かれたものですが、非常に難解であったり自説を展開する内容であったりして、実際ビジネスの現場で新しいビジネスモデルを構築する担当者にとってはハードルが高かったり、実践的でない場合が多いのではないかと思います。

本書は、実際に企業で新規事業を立ち上げ、ベンチャー企業への投資を行い、ここ数年は大学、大学院等で経営戦略やマーケティングを教える傍ら、様々な企業の新規事業の立ち上げのコンサルティングを行っている筆者が、平易に誰でも分かりやすくビジネスモデルについて理解できる書籍の必要性を感じたことから生まれました。

本書では多くの事例を取り上げることによって、その背後にある企業の経営戦略を図解とともに説明していきます。

大学や企業研修などで新ビジネスモデル構築セミナー等を実施した際に、以下のことを実感しました。

1　具体的な事例で理論を学ぶ方が使える武器になる
2　図解などのビジュアル化によってより理解度が高まる
3　実際に受講者が自ら手を動かして考えることによって飛躍的に理解度が高まる

ビジネススクールなどでも、ケーススタディとし、企業の実例を基に議論する形式が採用される場合がありますが、実際に読者の方が経営者になったつもりで、自分の会社ならばどうするだろうか？　という視点で考えることが大切です。

「最近の成功事例ばかり紹介しても意味がない」という意見もあります。しかし「1つの事業はそもそも5年、長くて10年しか持たない」と考える方が正しいと思います。なぜならば、**企業を取り巻く環境は刻一刻と変化しており顧客のニーズや競合の動きも変化しているから**です。

ぜひ、今成功している企業の仕組みを本書で学び、次のビジネスモデルをみなさんにつくっていただきたいと思います。

一人でも多くの方が本書を読んで新しいビジネスモデルを構築され、日本の企業の再生に貢献されることを願ってやみません。

平野敦士カール

図解 カール教授と学ぶ ビジネスモデル超入門！

PART 1 いきなり「新規事業を考えろ」⁉ そもそも、ビジネスモデルって何？

PART 2 デジタル時代のビジネスモデル 3つの戦略

PART 3 ソーシャルメディアの活用に注目したビジネスモデル

PART 5 顧客に注目したビジネスモデル

PART 7
流通チャネルに注目したビジネスモデル

PART 1

いきなり
「新規事業を考えろ」!?
そもそも、
ビジネスモデルって何？

ベンチャー企業で働く、ゆるビジ子ちゃん。
ある日突然、社長から「新規ビジネスを考えろ」といわれてしまいます。
「ちょー災難。なんでわたしが!?」
とはいえ、社長命令。
仕方なく、ゆるビジ子ちゃんは、革新的な新規事業をサクッと教えてもらおうと、
プラットフォーム戦略の提唱者で大学教授でもあるカール教授のもとを訪れます——
（以降、ゆ＝ゆるビジ子ちゃん、カ＝カール教授としてお読みください）。

LESSON

01 ビジネスモデルって何？

ゆ カール教授、社長から急に「新規ビジネスを考えろ」っていわれたんです。なんかサクッといいアイディアを教えてもらえませんか？

カ いきなりですね……。それでは、まず**企業って何のためにある**と思いますか？

ゆ 社員のためかな？ あ、株式会社なら株主も大事ですよね？

カ そうですね、確かにそれも重要です。では、もっと大きな枠組み、たとえば社会と企業の関係は？

ゆ ム、ムズカシイ……企業は社会の役に立つべき！ とか？

カ その通り！ 企業は社会を良くするために存在しないといけないのです。経営者は、会社の将来像（ビジョン）と、具体的な数字も含めて誰に何を提供し、どういう使命をもつのか（ミッション）という、経営の理念を持つ必要があります。

アメリカのケネディ大統領の例が有名です。宇宙開発のビジョンとして「われわれは、宇宙開発という科学で世界一になる」と掲げ、ミッションとして「１９６０年代末までに月への有人宇宙飛行を成功させる」と具体的に述べました。

ゆ なるほど。ビジョンは将来の会社の姿が「見える」イメージで、ミッションは今の時点で将来具体的にこうする！って感じですかね。

カ ええ。そして、経営理念を定めたら

ビジネスモデルとは?

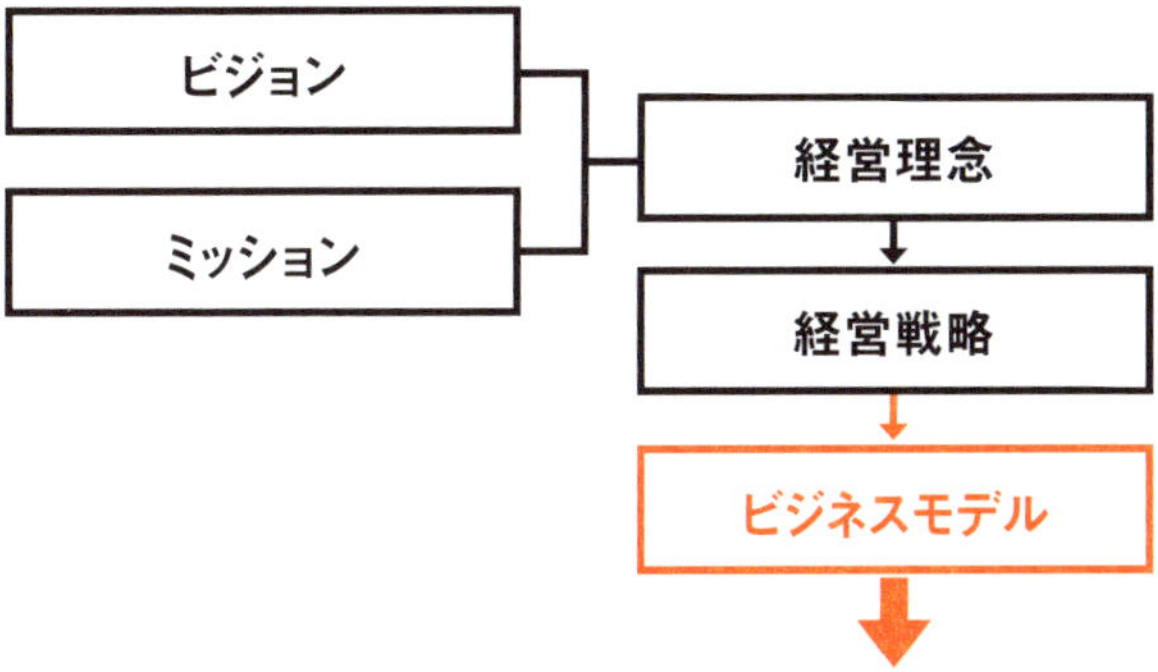

企業がいかにして売上を上げて利益を生み出すか、という事業活動の仕組み。

次にどの事業領域でそれを実現するかという**「経営戦略」**をつくります。

ゆ「戦略」って……闘うんですか?

カ 戦略は、元々戦争のときにいかに敵に勝つかという視点から生まれたもの。経営における戦略とは、経営理念であるミッションとビジョンに基づいて、いかに企業が他社に勝って長期的な成功をするか、の方法論です。下図のように、大きく分けると5つくらいの主要な経営戦略論があります。

ゆ ふむふむ……。

カ 新規事業を考えるには、まず、ビジネスモデルを学ぶのがよいでしょう。

ビジネスモデルとは企業がいかにして

5つの代表的な「経営戦略論」

1. 戦略計画学派
2. 創発戦略学派
3. ポジショニング・ビュー
4. リソース・ベースト・ビュー
5. ゲーム論的アプローチ

売上を上げて利益を出すか？　という事業活動の仕組みのことを指します。具体的には、

1　誰に？「顧客」
2　何を提供？「顧客価値」
3　どのような経営資源を集めて？「経営資源（人、モノ、カネ、チャネル、ノウハウ他）」
4　どうやって差別化する？
5　収益をどうやってあげる？

について示したものといえます。

ゆ なんか難しそう。

カ 大丈夫。具体的な事例を学ぶことで自然とわかるようになりますよ！

ビジネスモデル５つのポイント

1. **顧客**
2. **顧客価値**
3. **経営資源**
4. **差別化**
5. **収益**

LESSON

02 企業は何のためにあるのか？コトラーとドラッカーから学ぶ

ゆ 経営理念が重要ってことは、企業はお金儲けしちゃいけないってことですか？

カ いいえ、**利益を生むことは、社会を良くするための手段としてとても大切**なことです。

それでは、利益を生むにはどうすればよいと思いますか？

ゆ ええと……。売上－費用＝利益だから、売上を上げるか費用を減らすかでは？

カ はい。では売上について考えてみましょう。お客さんはなぜ買うのでしょうか？

ゆ この間、スマホを買ったのですがデザインとか機能とか価格とか友達や店員さんのお勧めとか色々検討して……。

(カ)そうですね。お客さんは様々な点を検討してそのスマホを5万円で買った。それは5万円の価値があると思ったからですね。

それをマーケティングの大家といわれるコトラー博士は「顧客価値」と呼んでいます。つまり**企業が利益を生むには、「誰に、どのような価値を、どのように提供するか？」が重要**で、下図のように総顧客価値と総顧客コストの差額が利益になるのです。

(ゆ)なるほど。**企業の売上は、お客さんに価値を与えることの対価**なのですね。

(カ)ドラッカー博士は、**企業が経済的価値を生むことができるのは、「顧客を創**

コトラーの企業論「純顧客価値」

- 企業が利益を生むには、「誰に、どのような価値を、どのように提供するか」が重要
- 顧客がモノを買うのは、そのモノにお金を払う価値「純顧客価値」を認めるから
- 「純顧客価値」は、商品そのものの価値「総顧客価値」から、「総顧客コスト（商品代金、配送費、購入手続きにかかる時間、持ち帰る労力、大金を払う心理的ストレスなど）」を引いた差である

純顧客価値
（その商品やサービスにどのくらいの価値があるか）

＝

総顧客価値
商品価値
サービス価値
従業員価値
イメージ価値

－

総顧客コスト
金銭コスト
時間コスト
労力コスト
心理コスト

造する」からだといっています。

(ゆ)お客さんをつくる？

(カ)たとえば農村の人が都会のデパートには行けなかった時代に、衣服や家具などのカタログを農村に届けることで全米トップの小売になったシアーズ社が有名な例です。

(ゆ)今はお客さんではない人をお客さんにする、ということ？

(カ)はい。**「顧客を創造する」ために重要なのは、マーケティングとイノベーションの二つ**だといいます。

(ゆ)マーケティングってCMとか？

(カ)ドラッカー博士は、こうもいっています。**マーケティングとは販売（セールス）ではない**、と。

「顧客の方からぜひ買いたいと思い、販売を不要にしてしまう」ことだと。

(ゆ)「こんなのが欲しかったの！」って思えるサービスとか商品を提供することですね！

(カ)**「マーケティング」**は既にある顧客の欲求に対するもので、**「イノベーション」**

は今までなかった顧客の欲求を創り出して新たな価値や行動を生み出し、市場や社会に変化を与えるものなんです。

ゆ　たとえば、ｉＴｕｎｅｓとかですか？

カ　その通り。ｉＴｕｎｅｓは、音楽のライフスタイルを激変させましたね。

ドラッカーの企業論「企業の目的」

企業の目的は、「顧客の創造」である。

顧客の創造

マーケティング

「既に存在する顧客の欲求」に対するもので、顧客の欲求を満足させる商品・サービスをつくり、顧客にぜひ買いたいと思わせ、販売を不要にしてしまうこと

イノベーション

「今までなかった顧客の欲求」をつくり出して新たな価値や行動を生み出し、市場や社会に変化を与えるもの

Column

アサヒ・スーパードライ、トヨタ・プリウスから学ぶ時代の変化を読む力

現在のビール業界におけるシェアは、アサヒビールが約5割でトップ、僅差でサントリーが追う展開です。しかし**1980年におけるアサヒのシェアは1割を切っており、当時、キリンのシェアは6割を超えていました。**

当時アメリカのビジネススクールのケーススタディでもここまでシェアの差が開いてしまった場合には逆転は不可能だと説明されていました。

ではいかにしてアサヒはシェアを逆転したのでしょうか。

当時キリンは強力な営業力を持ち、殺菌のための熱処理をした"ラガー"を看板商品としてシェアを拡大していました。

これに対して、アサヒは消費者の声や技術者の声に耳を傾け、「本当は生ビールがうまい」「日本人の食生活にはキレがあって苦みがある軽い味がいい」「生ビールは傷みやすいので長持ちさせるのは技術的に難しい」といったことに気がつきます。

アサヒは王者キリンの看板商品ラガーと真っ向勝負の「生でも傷みにくくコクがあってキレがある」商品開発に集中します。

そして**1987年、アサヒ・スーパードライを発売、現在までに売上はなんと約4倍にまで伸びる大ヒット商品となります。**

もちろんコンビニや酒類のディスカウント店の出現からビールの流通チャネルが変化し、瓶ビールから缶ビールへと変わる流れにうまく対応したこと、地道な飲食店などへの営業の成果、すぐれた全国キャンペーンやインパクトのあるCM、さらにライバルのキリンでの不祥事やラガーの味を変えたことによるファンからの不満噴出など、逆転には様々な要因が考えられます。

しかしこれほどのシェアの差の逆転が可能であったのは、やはり「顧客のニーズ」「流通の変化」などの**「変化」をしっかりとつかみ、「一点集中」によって小さくても差別化を行うことに成功した**からでしょう。

今や大ベストセラーとなったトヨタのプリウス。ハリウッドスターのレオナルド・ディカプリオがアカデミー賞授賞式に自ら運転してきたことから、環境問題に関心の高いセレブも乗るクルマというイメージ戦略も奏功しました。

そんなプリウスは、米国で60年代から強化が進んだ環境適応規制や70年代に日本を襲ったオイルショックによるガソリン価格高騰を背景に、80年代末から当時のトヨタ・豊田英二会長の肝いりプロジェクトとして始まったもので、長い歴史がようやく花開いたものです。

当時の世界最高の燃費水準の2倍という目

標をかかげ、価格を抑え走行距離を長くするために、モーター電池とガソリンエンジンを連携させたハイブリッド車の開発を行ったのです。

これらの事例から、**時代の流れを読み、情熱と信念を持った経営陣による長期的な視野**がいかに大切かを知ることができます。

PART2

デジタル時代のビジネスモデル3つの戦略

LESSON

03

フリー戦略

フリー戦略とは

フリー戦略は、クリス・アンダーソン氏の著書『FREE（フリー）〈無料〉からお金を生みだす新戦略』によって一躍有名になった戦略です。

本書では、インターネットの普及によりデジタル化できる商品は無料に近づき、メディア・音楽・書籍などのビジネスモデルが大きく変わると述べられています。

「フリー」（無料のビジネスモデル）を4種類紹介しましょう。

第1に「あるものを1つ買えば、2つ目は無料」といった**直接的内部相互補助の**

モデル。

第２に消費者が無料で得るために第三者（広告主）が費用を払うというGoogleやメディアで利用されている**三者間市場。**

第３がフリーミアム。

第４にウィキペディアやSNSなどに代表される注目（トラフィック）と評判（リンク）という金銭以外のインセンティブによって成り立つ**非貨幣経済**です。

中でも特に注目されているのが、３番目のフリーミアムモデルです。

これはフレッド・ウィルソン氏の造語で、**フリー（無料）と有料（プレミアム）**

フリー戦略４つのモデル

① **直接的内部相互補助モデル**
「あるものを1つ買えば、2つめは無料」など

② **三者間市場モデル**
消費者が無料で得るために第三者（広告主）が費用を支払う

③ **フリーミアムモデル**
無料サービスで広く顧客を集めてその一部が有料サービスを利用することによって収益を上げる

④ **非貨幣経済モデル**
注目（トラフィック）と評判（リンク）という金銭以外のインセンティブによって成り立つ

を合わせた言葉です。すなわち無料サービスで広く顧客を集め、そのうちの一部が有料サービスを利用することによって、全体として収益をあげる戦略です。

従来からある無料サンプルは、販売促進用に化粧品や飲料のサンプルを配ったりしていましたが実費がかかるので、メーカーは少量で消費者を引きつけて、より多くの需要を生もうとしました。つまり10％の人は無料にして90％の人を有料にする方法でした。

一方、デジタル製品は複製のコストがきわめて安いので、大量の無料サンプル

フリーミアム（無料＋プレミアム）モデル

従来　無料試供品10％ ＜ 有料 **90%**

フリーミアム　無料会員 **90%** ＞ 有料会員10％

インターネットによって変動費がほぼゼロになったため。

を配布しその**10％程度の人が有料に加入することで、90％の人が無料でも、全体としては収益をあげられる**ようになったのです。

フリーミアムモデルには下図のような事例があります。

フリーミアムの事例

	無料	有料
コンテンツ	ウェブコンテンツ	印刷したもの（雑誌等）
スカイプ	PC・スマホ同士の通話	一般電話との通話
フリッカー	画像共有サービス	保存容量追加
アップルのクイックタイム	基本ソフトウェア	機能拡張版

フリー戦略

事例

ソーシャルゲームはなぜ無料なのか？

ゆ 最近よくテレビCMで見る、DeNAとかのソーシャルゲームって、どうして無料なんですか？

カ ゲームを遊ぶこと自体は無料ですが、全部無料というわけではありません。たとえば、釣りゲームで説明しましょう。

ゆ やったことあります！

カ 魚を釣り上げるオンラインゲームですが、ゲームが進んでいくうちにどんどん魚が大きくなり、無料で使える釣りざおでは折れてしまうのです。太い釣りざおを使えば釣れるのですが、そのためには、ポイントが必要になります。**①広告をクリッ**

ソーシャルゲームは、なぜ無料なのか？

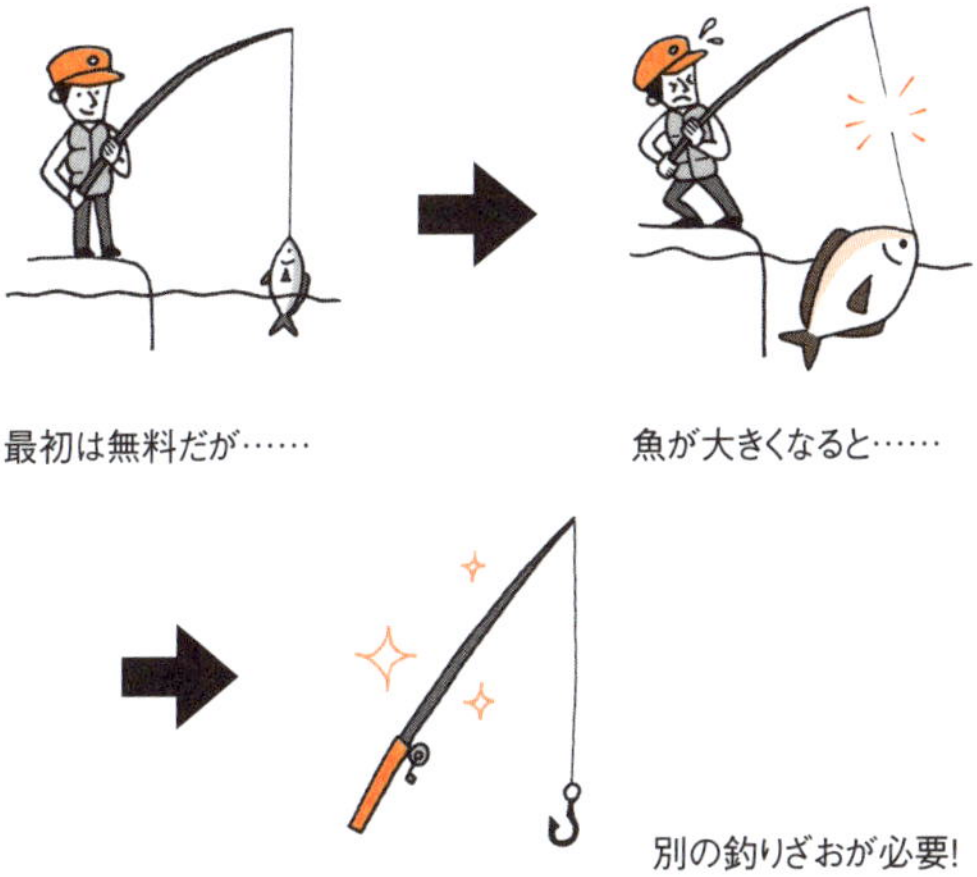
最初は無料だが……
魚が大きくなると……
別の釣りざおが必要!

ポイントを貯めるには……… ゲームサイトの収益に!!

1.広告をクリックする ⟶ 広告の出稿料が増える!
2.友達を紹介する ⟶ 加入者が増える!
3.サイトで物を買う ⟶ 物が売れる!

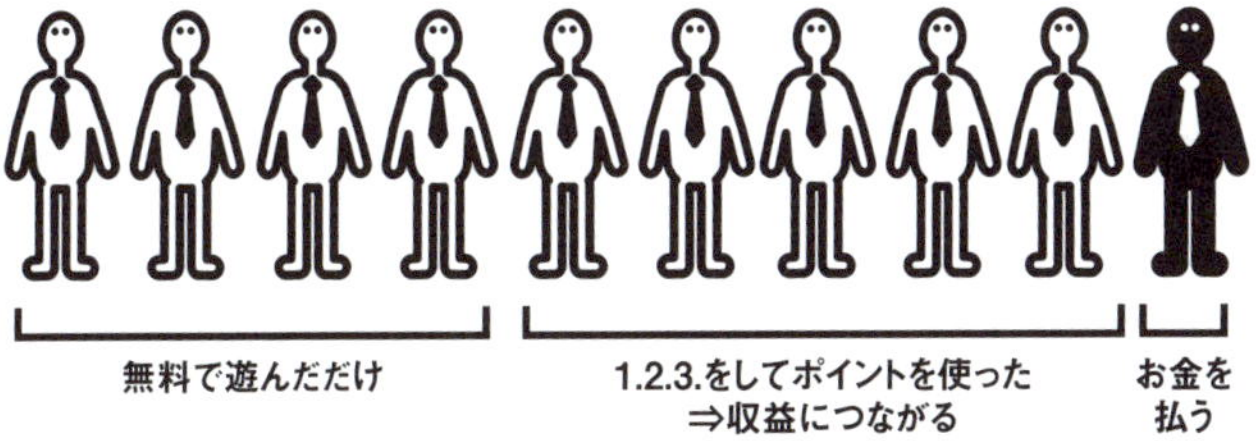
無料で遊んだだけ
1.2.3.をしてポイントを使った
⇒収益につながる
お金を
払う

➡ ゲームで遊ぶこと自体にお金を払うのは、10人に1人でOK!

クする、②友達を紹介する、③サイトで物を買うなどの方法でポイントを貯めることができます。運営会社は、広告料が稼げたり、加入者が増えたり、物が売れたりする。これが収益になるんです。

もっと直接的にお金を払うゲームもあります。お金を払うとガチャと呼ばれるレアなデジタルアイテムが当たるようなものです。複数の絵合わせを連続で行う「コンプガチャ」は、社会的にも問題になりました。

ゆ でも、わたしお金払いませんでしたよ。

カ そう、ほとんどの人はお金を払いません。でも、たとえば10人に1人がお金を払ってくれれば十分利益が出る仕組みになっているのです。

ゆ フリー戦略は、何で最近急に増えたのでしょう?

カ それは、2つの理由があります。1つは、デジタルコンテンツであること。釣りざおを本当に作ると一つひとつ製作費がかかりますが、デジタルコンテンツなので複写が容易でほとんど追加のコストがかからないこと。2つめは、SNSを利用しているので、急速に友達の間で広がったことです。

ゆ 確かに! フリーはデジタルだからこそできるんだ。

㋕実はデジタルでないところでも実例はあります。あるお煎餅屋さんでは、割れたお煎餅をお店で無料でお茶と一緒に出し、多くの人でにぎわっています。一部の人が本当に購入してくれればよいと考え、もともと捨てていたものを活用しているのです。**コストがかからないものを活用して話題となり人が集まる。**

化粧品のサンプルに似ていますが、異なります。サンプルは、少量のサンプルを配って多くの人に本体を買ってもらうプロモーションです。それに対して、フリー戦略の場合は、ほとんどの人が無料で、ごく一部の人が有料サービスを利用するという点が大きな違いです。

ソーシャルゲームのビジネスモデルを５つのポイントで考えてみましょう！

解答例

1 顧客	ゲームを介して友達と遊びたい人
2 顧客価値	ゲーム、人とのコミュニケーションSNS
3 経営資源	携帯電話スマホ中心　ゲームによる自動増殖化機能
4 差別化	無料ゲームで集客しフリーミアムモデルで収益化
5 収益	広告、デジタルアイテム課金　コマース

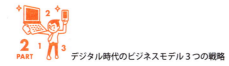

LESSON

04

プラットフォーム戦略®

プラットフォーム戦略®とは

プラットフォーム戦略®とは、一言でいうと、「複数のグループのニーズを仲介することによってグループ間の相互作用を触媒し、その市場経済圏をつくる産業基盤型のビジネスモデル」と定義されます。

ものすごく簡単にいってしまうと、合コンの幹事のように、**「場」（プラットフォーム）**を作ってそこに多くの人や企業に参加してもらうことによって、自社の持つものだけでなくあらゆる人や企業の力を使って成長していく、"アライアンス"（提携）を重視した戦略です。

自らが胴元になり、そのプラットフォームをさまざまな企業に利用してもらうことで、プラットフォーム自体の魅力を高め、多くの客を集めていく。その集客力に惹かれて、さらに多くの企業が参加するようになり、一層プラットフォームの魅力が高まっていく……。このようなポジティブフィードバック（正の回転）を生み出し、自社の収益率の高い事業に誘導していくのです。

プラットフォームには以下の５つの機能があります。

①マッチング機能

プラットフォーム上で、複数のグループの需要と供給をマッチングさせます。

②コスト削減機能

供給側が単独で実装するより低コストで、さまざまな機能を持つことができます。需要側にも供給側に対する、個別の手続きを行う手間が省けるメリットがあります。

③ブランディング機能

一定のブランド力（実績・安心感）のあるプラットフォームに参加することによって、ユーザーへの訴求力が増します。

供給側に集まってもらうためにも、強いブランディング機能が必要になります。

ブランド維持には一定のクオリティ水準が必要です。

④外部ネットワーク機能

利用者が増えれば、そのサービスや製品を利用する人たち全体の利益と利便性が、向上していきます（ネットワークの外部性）。

ショッピングモールのプラットフォーム

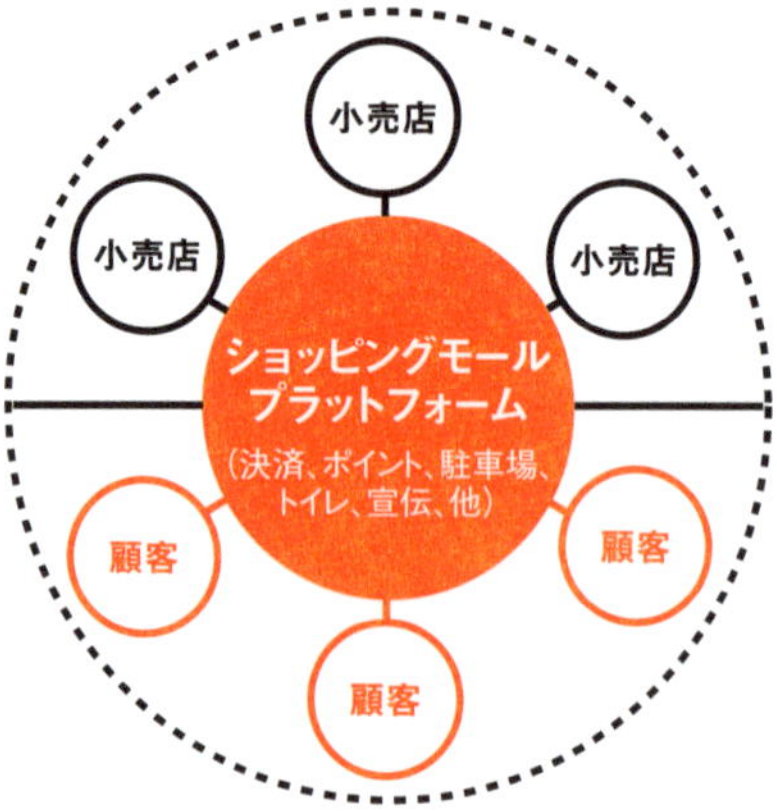

SNSが急激に伸びているのは、外部ネットワーク機能によるものといえます。

⑤三角プリズム機能

直接は引き合わないが、第三のグループを介在させることによって交流が生まれる機能です。

たとえば、広告と読者は直接引き合う関係ではありませんが、記事を介在して読者に広告を結びつけています。

成功するプラットフォームには次のような特徴が見られます。

プラットフォームの５つの機能

1. マッチング機能
2. コスト削減機能
3. ブランディング機能
4. 外部ネットワーク機能
5. 三角プリズム機能

成功するプラットフォームの3つの特徴

①プラットフォーム自らの存在価値を創出できるかどうか

誰と誰を結びつけるのか、参加者全てにメリットが与えられるか。

プラットフォーマーが介在することによって、はじめて新しい価値を生み出すことになるかどうかが大事です。

他のプラットフォームとの差別化も重要で、たとえば「魚ならば築地市場」というように一言でいえるキャッチフレーズが出来るかがポイントです。

成功するプラットフォーム３つの特徴

① プラットフォーム自らの存在価値を創出できるかどうか

② 「場」に参加する人の「自動増殖化機能」があるか

③ ユーザーのクオリティ・コントロールができているか

②「場」に参加する人の「自動増殖化機能」があるか

自らが宣伝することなく、参加している人がどんどん他の人の参加者を招いてくれる仕組み。いわゆる**クチコミ**が起きる仕組みが重要です。

③ユーザーのクオリティ・コントロールができているか

プラットフォーマーは、プラットフォームの弱体化につながらないようにクオリティチェックの仕組みを設けるなど、「統治する」ことが大事です。

そのためには、プラットフォームのビジョンを明確化しておくと同時に、ルールと規範が必要になります。

プラットフォームを構築するための具体的な手順は41ページの図のような９つのフレームワークを利用するとよいでしょう。

フェイスブック、ミクシィ、ＬＩＮＥといった**ソーシャルメディアもプラットフォームの一つ**ですが、とくに次ページの図の③「交流する仕組み」がＳＮＳという形で特に広がったことにより、大きなプラットフォームになっているのです。

プラットフォーム戦略®は、企業としての戦略のみならず、個人のブランディングのためや国家戦略にも応用できます。

※プラットフォーム戦略®は、㈱ネットストラテジーの登録商標です。

プラットフォーム構築の９つのフレームワーク

1. 事業ドメインを決定する
2. ターゲットとなるグループを特定する
3. プラットフォーム上のグループが活発に交流する仕組みをつくる
4. キラーコンテンツ、バンドリングサービスを用意する
5. 価格戦略、ビジネスモデルを構築する
6. 価格以外の魅力をグループに提供する
7. プラットフォーム上のルールを制定し、管理する
8. 独占禁止法などの政府の規制・指導、特許侵害などに注意を払う
9. 常に「進化」するための戦略をつくる

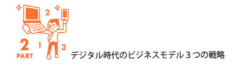

事例1

楽天市場はなぜ何も商品をつくらずに成功したのか？

㋕楽天市場で買い物したことありますか？

ゆはい、自転車を買ったことがあります。あと、カニとか。

㋕楽天は**日本最大のショッピングモール**です。でも、楽天は自転車をつくっているわけではないですよね。このようなビジネスモデルを**プラットフォーム戦略®型**といいます。

楽天は、地方の洋服屋さんとか海産物屋さんとか、いろいろなお店を集めてきてショッピングモールという**「場」（プラットフォーム）**を作っているんです。

様々なお店があると多くの人が楽天のサイトにアクセスします。たくさんお客さ

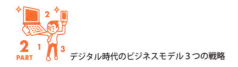

楽天市場は、なぜ何も商品をつくらずに成功したのか？

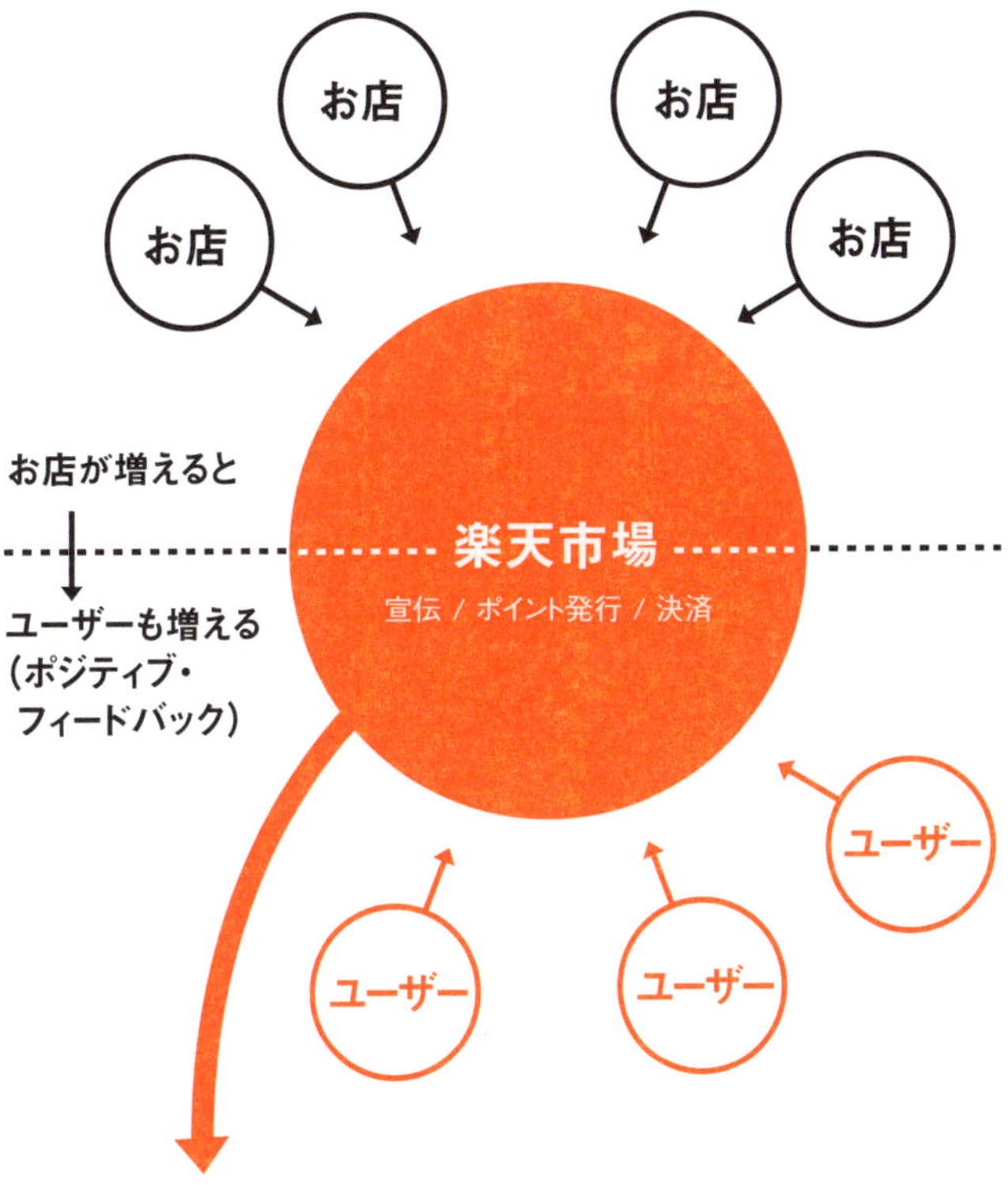

他社の力で集めたユーザーを自社の利益率の高いビジネスへ誘導

楽天証券 / 楽天トラベル / 楽天銀行

んがいるので、またお店を出したい人が増えます。その結果、欲しい物があったら楽天市場を見るお客さんが増える、お店がまた集まる、という好循環が起きます。これを、**ポジティブ・フィードバック**といいます。

ゆ 普通の市場もそうですよね。築地市場とか有名ですけど。

カ その通りです。さらに、**楽天スーパーポイント**という制度がうまく機能しています。買い物をするとポイントがつくので、そのポイントを使ってまた楽天で買おうと思うでしょう。

さらに、カード会社や旅行会社、銀行などを買収し、ショッピングモールのお店の力で集めた4000万人~5000万人の会員を**自社の利益率の高いビジネスに誘導**することによって、高い収益を上げているんです。

ところで、どうして楽天が成功したと思う？

ゆ 出店料が安いとか？

カ そうです。楽天が参入した当時、既にいくつかのウェブ上の市場がありました。でも、2つの点で流行《はや》っていなかった。1つは、出店料が高かった。年間300万円とか。それに対して、楽天は毎月5万円（半年分前払い）。2つめは、ショッピングモール側がサイトに情報をアップするため、反映に時間がかかっていました。年が明けてもクリスマスセールだったり。楽天は**お店側で商品情報を更新する仕組みをつくった**のです。

ゆ なるほど。

カ 楽天は、ユーザーとお店をうまくマッチングさせることによって、インターネット普及の波に乗り、急成長させることができました。

　こうした、様々なグループをマッチングさせるようなビジネスをプラットフォーム戦略®といいます。**フェイスブックなどのSNSやグーグルなどの検索エンジン**も同様のビジネスモデルです。

楽天市場のビジネスモデルを５つのポイントで考えてみましょう！

解答例

1 顧客	ネットで簡単に安く買い物　わざわざ出かけないでよい
2 顧客価値	あらゆる商品を安く提供する
3 経営資源	店舗が安く簡単に参入できる仕組みとインターネットシステム　豊富な店舗数・商品数
4 差別化	圧倒的な店舗数、商品数、顧客数
5 収益	売上の一部と固定出店料　決済収入　広告 自社サイトからの収益

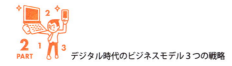

プラットフォーム戦略®

事例2

ソーシャルメディアの集合知を活用するクックパッド

ゆ 仕事帰りに夕飯の食材を買うとき、**クックパッド**をよく見るんですけど、どういうビジネスモデルなんですか？

カ クックパッドは、20〜30代の女性の半数近くが利用しているといわれる人気レシピサイトです。クックパッドのビジネスモデルは、ユーザーからのレシピの投稿とそれらの情報を検索できるプラットフォーム型です。主な収益源としては、

①ユーザーへの課金（有料会員）
②企業へのマーケティング支援
③広告

の３つです。

ゆ　有料会員があるのですね？

カ　利用者は誰でもレシピの検索や閲覧ができます。さらに無料会員登録をすると、自分のレシピを投稿することができ、有料会員になると、人気レシピのランキングの検索や閲覧が可能になります。既にレシピの数は２００万以上になっているようです。

ゆ　レシピが勝手に集まってくるのがソーシャルのすごさですね。

カ　レストランの評価を投稿する**食べログ**や、化粧品の使い心地を投稿する**アットコスメ**など、一時期**ウェブ2・0**と呼ばれたユーザー投稿型のサービスは数多

ソーシャルメディアの集合知を活用するクックパッド

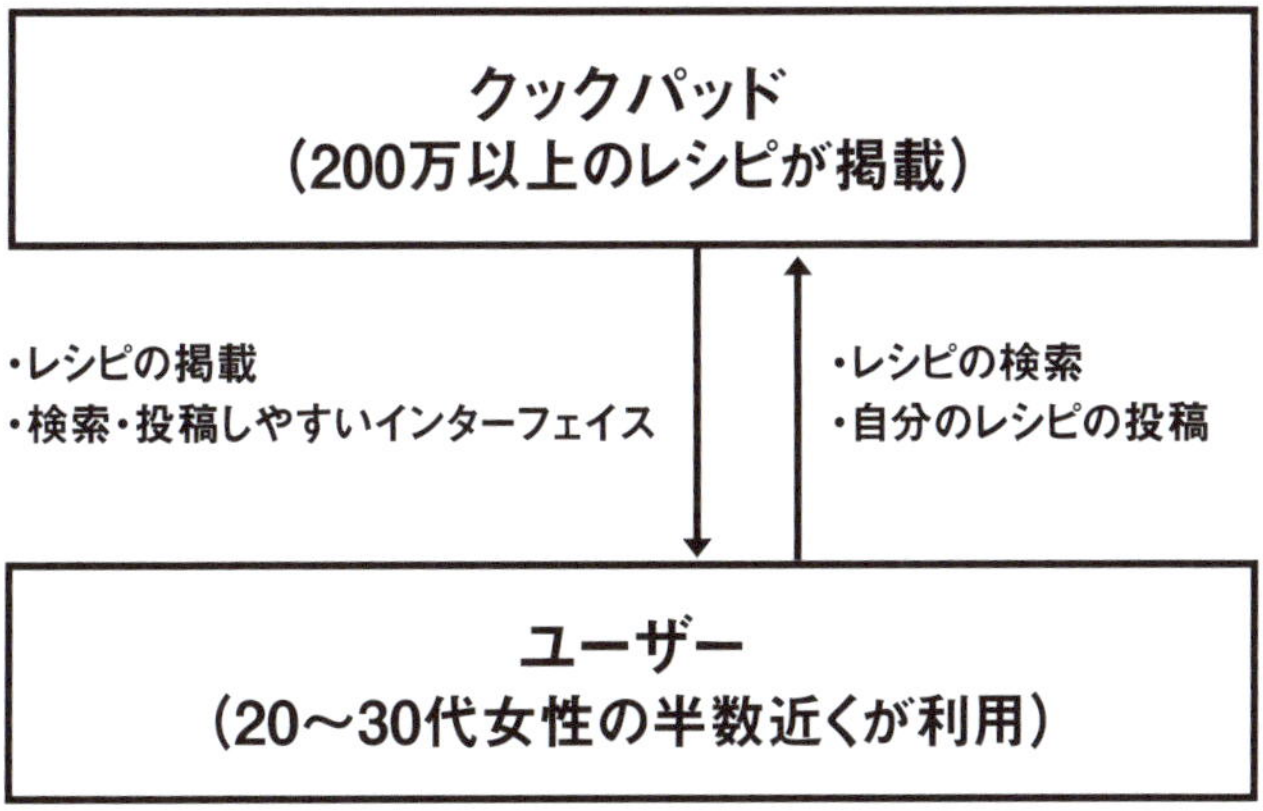

くありますが、その多くが広告収入に頼っています。

広告以外の収益モデルを考える上で、クックパッドは参考になると思います。

ゆ やっぱり人気があるかどうかで信頼度が分かるので、思わず有料会員になっちゃいますね。

カ **何を無料にして、どこから有料課金にするのか、ユーザーの本当に必要な情報が何かを見極める**ことが大切なのです。

ビジネスモデルは、**時間とともに変化させる**ことが重要です。まずは無料で、多くの会員やコンテンツが集まる仕組みを構築し、徐々に有料課金できる部分を拡大していく。**あらゆるビジネスモデル**

クックパッドの収益構造

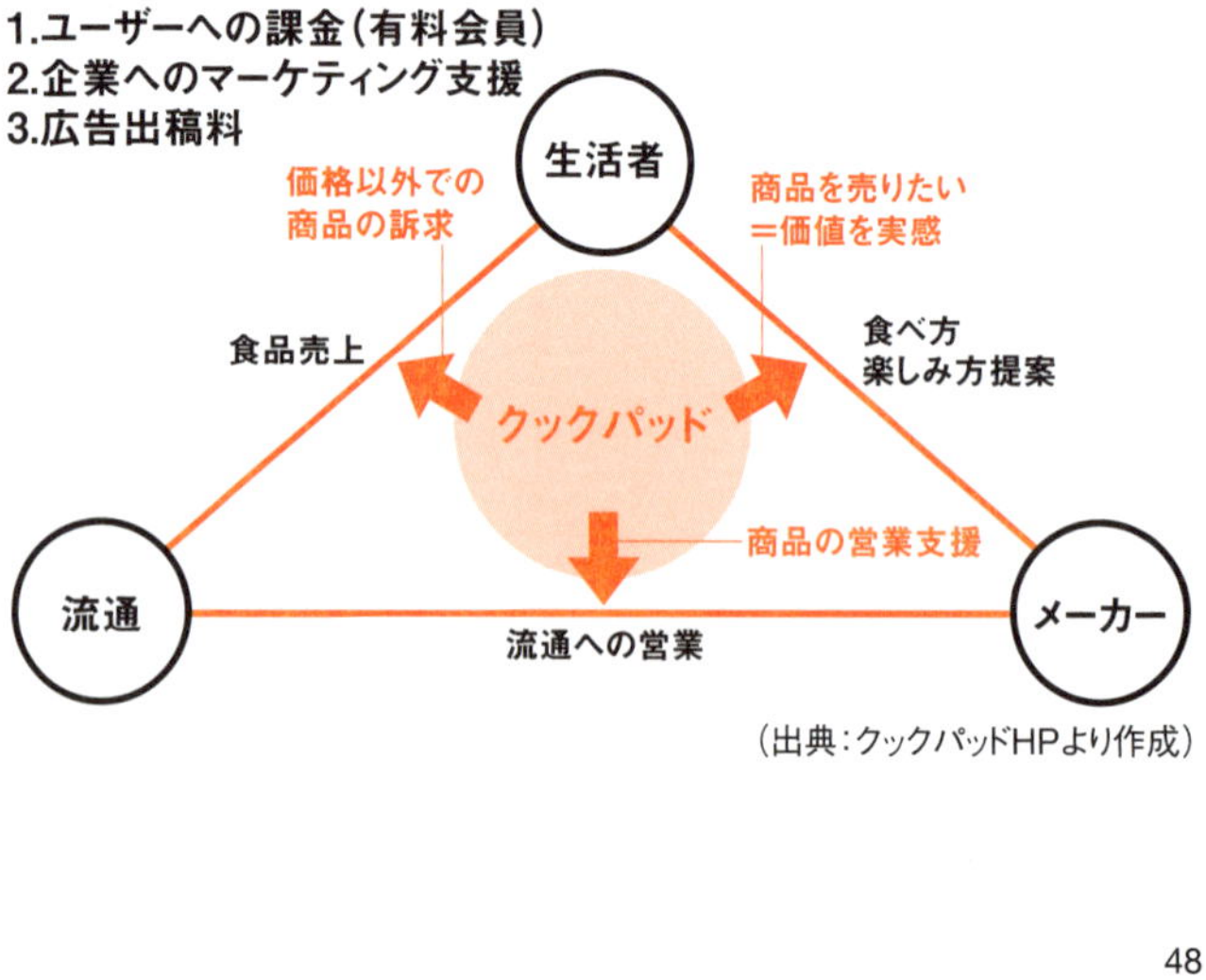

（出典：クックパッドHPより作成）

には時間軸があるのです。

ゆ なるほど。まずは１００万人とかユーザーを獲得することが大切でしょうか。

カ ユーチューブのように、収益化ができていない段階でもユーザーを獲得していればグーグルに「売却」できた例もあります。しかし米国のペッツドットコムというペット愛好家のサイトは１００万人以上のユーザーがいても収益化できず倒産しました。

ゆ やはり事前にビジネスモデルを考えることが大切ですね。

カ **ＰＤＣＡ**といいますが、仮説を立てて実行していくことを繰り返すことが大切です。

クックパッドのビジネスモデルを５つのポイントで考えてみましょう！

解答例

1 顧客	料理に興味のある若い女性
2 顧客価値	レシピ投稿と検索
3 経営資源	投稿されたデータ
4 差別化	圧倒的なユーザー数
5 収益	会費　マーケティング支援料　広告

プラットフォーム戦略®

事例3

会員が勝手に増える!?元祖自己増殖型ビジネス家元制度と新家元制度

カ お茶とかお華とか習ったことありますか?

ゆ 友達が習っていますが、着物を買ったり、道具を揃えたり、お金がかかるみたいなので、私はやっていないんです。

カ **茶道や華道**は、日本の伝統的な習い事ですが、非常に優れたビジネスモデルでもあります。

ゆ えっ、あれって作法を身に付けたり、自分を磨くためにやるものじゃないんですか?

カ もちろん、みなさん好きで習い事をしているのですが、最終的には師範の免許

会員が勝手に増える！？ 家元制度と新家元制度

1. 家元制度

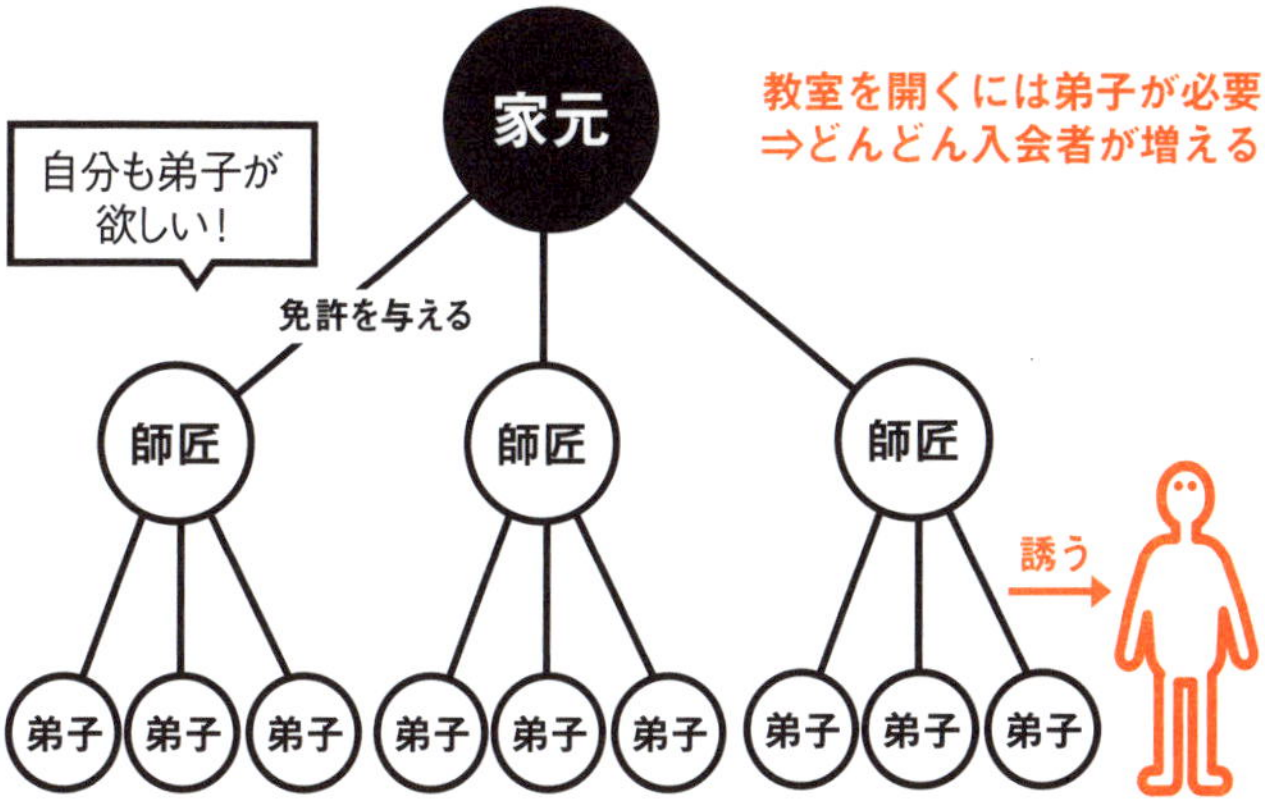

2. 新家元制度

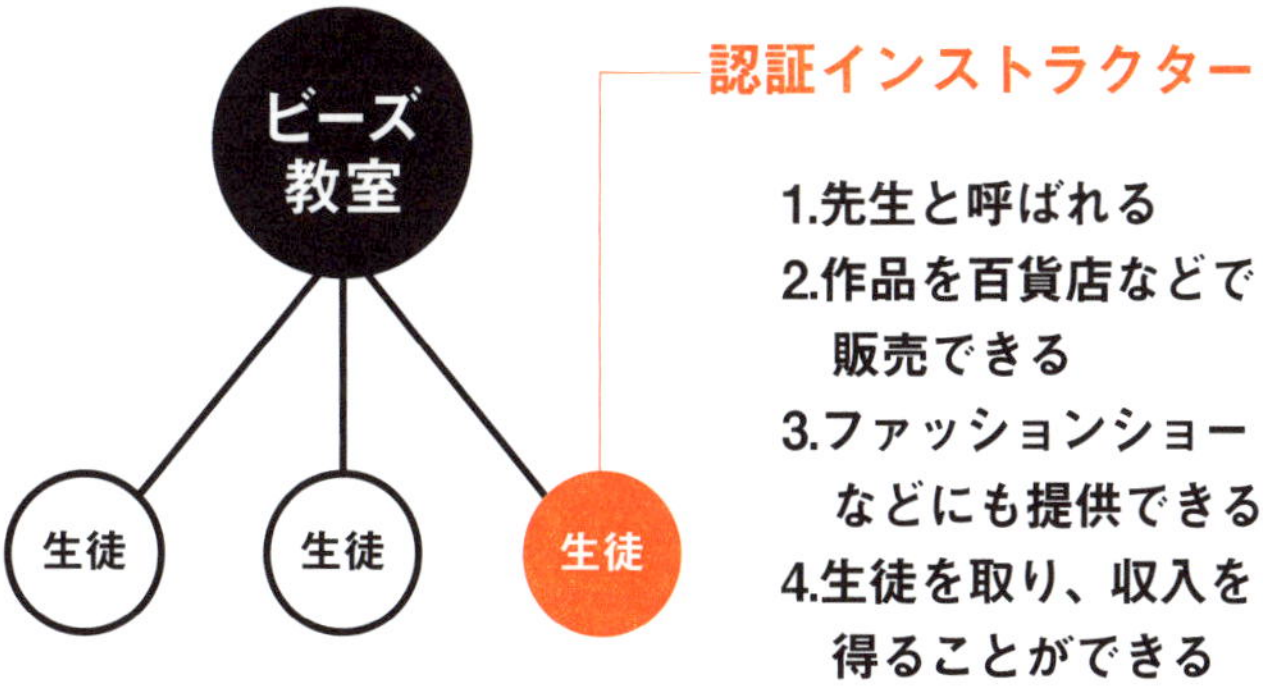

（出典：『一気に業界No.1になる!「新・家元制度」顧客獲得の仕組み』より）

を取って、自分でお弟子さんを取って教室を開くことができます。つまり、**楽しみながら、勉強し、ビジネスにもつながっていく仕組み**なのです。

最近では、**新家元制度**といわれるビーズなどの趣味のインストラクターを養成するビジネスも登場しているんです。

ゆ まさに趣味と実益を兼ねているんですね！

カ 作品は百貨店で販売したり、特にすばらしい場合には、ファッションショーで使われたりもするようですよ。

ゆ 家元制度って、コンビニのフランチャイズみたいですね。

カ そうですね。フランチャイズは、独立しようとしている人にも人気です。店舗の建築から商品仕入れ、運営ノウハウなどをフランチャイザーと呼ばれる本部が提供し、急速に店舗を増やしていく仕組みです。

しかし、フランチャイズをしようと友達を誘ったりしませんよね？

ゆ そうですね、大変そうだし。失敗したら責任取れないし。

カ そこが、家元制度との大きな違いなんです。家元制度は、師範になると友人・知人を生徒として勧誘していくので、どんどん**自動的に会員が増えていく**仕組みなのです。

ゆ 自動増殖！　プラットフォームの特徴の1つですね。友人が化粧品の訪問販売をしていて、売上の一部が紹介者にも入るという話を聞きました。

カ それは家元制度とはちょっと違います。

ネットワークビジネスは、ディストリビューターと呼ばれる紹介者の階層があり、紹介者がさらに紹介した人が商品を購入すればするほど、元の紹介者にも手数料が入る仕組みです。一部では強引な勧誘など、いろいろな問題点も指摘されていますね。

新家元制度のビジネスモデルを５つのポイントで考えてみましょう！

解答例

1 顧客	趣味と実益を兼ねたい人
2 顧客価値	学ぶ場の提供と教える場の提供
3 経営資源	ノウハウと資格
4 差別化	インストラクターによる自動増殖
5 収益	教材販売　認定料

LESSON

05

オープン戦略

事例

人に任せて急成長したフェイスブックの秘密

カ　**フェイスブック**って使ってますか？

ゆ　ウォールとかメッセージとかは使ってますよ！　たまに、ゲームもします。

カ　フェイスブックは２００４年にハーバード大学の学生名簿を元に始まった若い会社ですが、今では毎日全世界で10億人以上が使っています。上場後は、ＩＴ企業として**世界最大級の時価総額**の企業です。

ゆ　ＣＥＯは、マーク・ザッカーバーグですね！

カ　フェイスブックが急成長した要因として、よく**実名制**が挙げられますが、それ以外の要因として２００７年5月に**「オープン化」**を行ったことが大きな成長要因

人に任せて急成長したフェイスブックのオープン戦略

従来

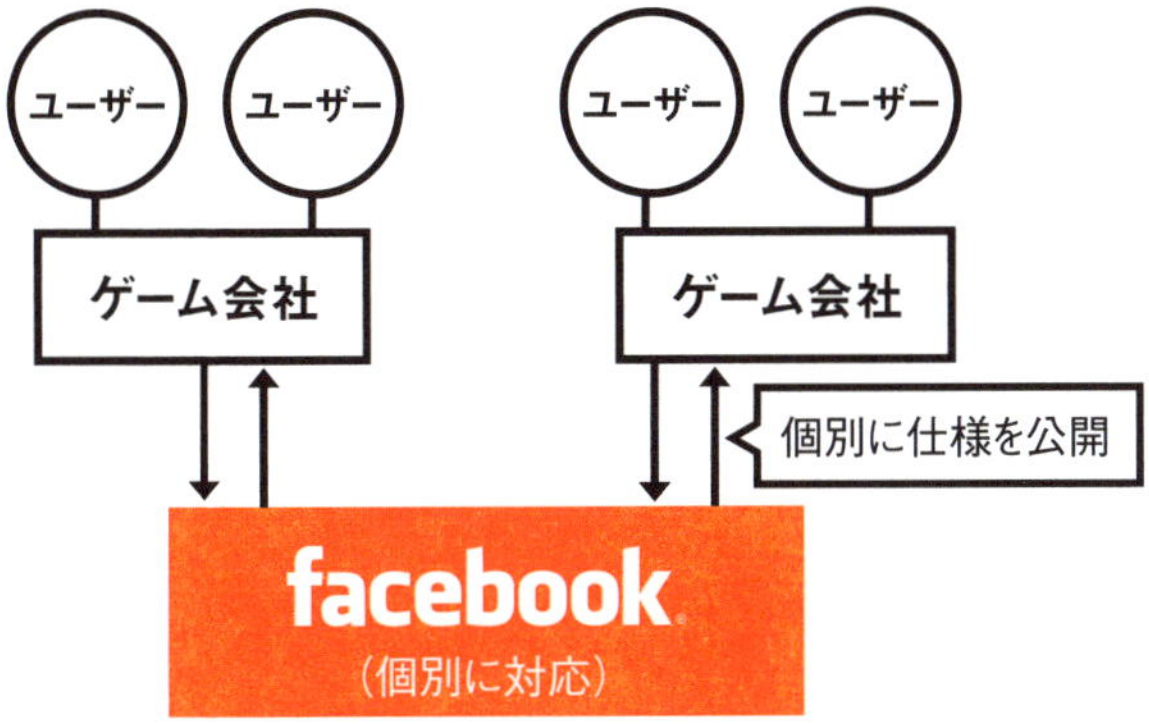

オープン戦略

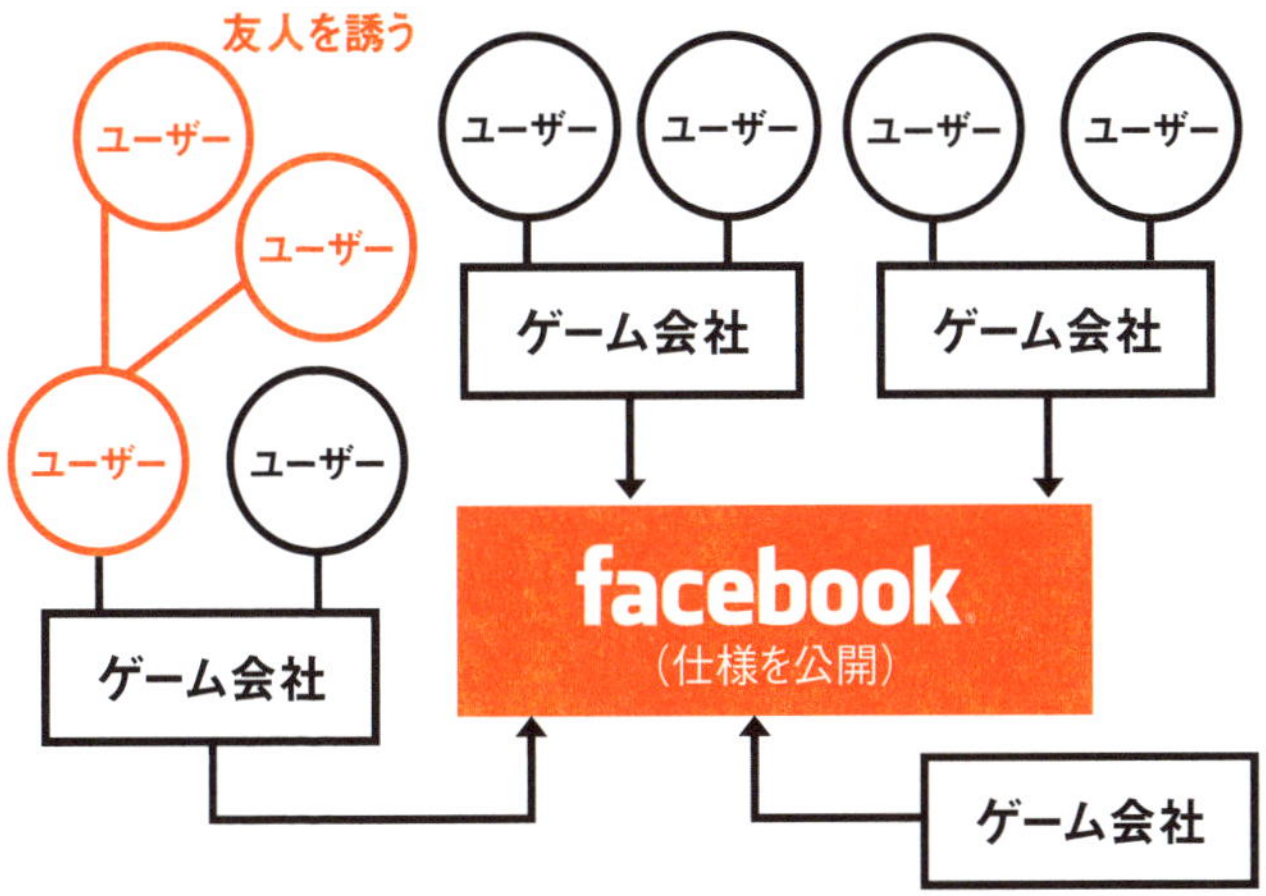

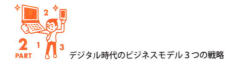

なんです。それによって、一気に加入者を増やし、世界1位のＳＮＳになったのです。

ゆ オープン化って？

カ フェイスブック上でゲームなどのアプリケーションを提供するためには以前は個別に技術仕様などの提供を受ける必要があり、そのため数が限られていました。**オープン化とは、誰でもゲームなどを提供できるようにプログラミングの仕様を公開するような方法をいいます。**それによって、いろいろな企業がツールやゲームのアプリをフェイスブック上で提供しはじめ、その結果、ユーザーが遊べるコンテンツが急激に増えました。

フェイスブックはコンテンツを増やすために、優秀な開発者や企業に２００億円を超える資金提供なども行ったのです。

ゆ 企業秘密っぽいプログラムをあえてオープンにしたんだ。

カ 成功した要因として、**意図的に友達を誘って遊ぶようなゲーム**を多く揃えたことがあります。これによってゲームを介して参加者がどんどん友達をフェイスブックに招き入れる仕組みができたのです。

ゆ **ゲーム会社が営業マンみたいに自動的に会員を集めてくれる**感じですね！

(カ) こうして、それまで世界一だったアメリカのＳＮＳ**「マイスペース」**を一気に抜き去りました。

(ゆ) 他にもオープン化したビジネスってあるんですか？

(カ) 有名なところでは、**ウィキペディア**などのネット上の辞書ですね。いろいろな人が情報を提供する仕組みです。収益は寄付で賄っています。

　仕様をオープンにするなど、**ユーザーみんなの力でつくり上げていくようなサービス**が、新しいビジネスモデルとして確立していっています。

フェイスブックのビジネスモデルを５つのポイントで考えてみましょう！

解答例

1 顧客	実名登録で友達とコミュニケーションをしたい人
2 顧客価値	友達とのコミュニケーションを促進するツール・アプリ（ゲーム、他）
3 経営資源	新規サービス開発力　友達とのコミュニケーションシステム・サーバー
4 差別化	圧倒的な会員数、オープン化されたアプリ開発、実名登録制
5 収益	広告収入がほとんど

Column

なぜコダックは最初にデジタルカメラを開発したのに潰れたのか？
——イノベーションのジレンマ

米国コダックは1880年に創業され、銀塩写真フィルムメーカーとして、かつては**エクセレントカンパニーの代表格**といわれていました。そのコダックが2012年1月に日本でいう民事再生法に相当するチャプター11（米連邦破産法第11章）を申請したことに多くの人が驚きました。

銀塩写真フィルムはかつて世界でコダック、ドイツのアグファ、日本の富士フイルム、コニカ（現在は、コニカミノルタ）の4社しかつくることができなかったため高い収益を誇る寡占市場でした。

ところが、90年代半ばからのデジタルフォト技術の進歩で、銀塩式の写真フィルムは急速に市場シェアを失っていったのです。

コダックは**1975年に世界初のデジタルカメラを生み出しながらデジタルカメラの普及に乗り出さなかった**といわれます。

つまり、**自社ビジネスを守るために新技術の普及を遅らせたかった**のでしょう。早晩他社が参入してくることは分かっていたはずですが、銀塩はコストが安かったこともあり長期的にも優位性が続くとコダックは考えました。実際、普及しないで消える新技術は今までもたくさんあったからです。シェアが高い大企業ほどこのジレンマに直面する可能性は高いといえます。

1997年に世界的なベストセラーとなった、ハーバードビジネススクールのクリステンセン教授による『イノベーションのジレンマ―技術革新が巨大企業を滅ぼすとき』は、まさにこの点について指摘しています。

つまり、大企業は自社の製品の改良を顧客のニーズに合わせて行っていきます。これは当然機能の向上になりますから高価格かつ利益率の高い製品として収益上も好ましいことです。しかし、商品は次第に顧客が求める以上の品質になっていきます。

一方で、その商品より性能は劣るものの**非常に安価であったり他の特徴を持つ新製品が登場しても、当初は自社の顧客のライバル製品だと見なさない**傾向があります。

しかし次第に新製品が技術的に進化していくことになり、いつの間にか自社の顧客を奪っていきます。気がついたときにはすでに時遅し、です。まさにコダックの事例にあてはまる理論といえるでしょう。

では銀塩フィルムメーカーとしてライバルであった**富士フイルム**はどう対応したでしょうか？

結論からいえば、**リストラと多角化を行い、事業内容を大きく変更することで生き残る**ことができたのです。現在は医薬品・化粧品・液晶フィルム、コピー機などの複合機事業が中心となっています。

企業として存続するためには、**常に目の前の顧客以外の動きや最新の技術動向にも目を配り、自社のビジネスに与える可能性について事前に対応する方法を模索することも重要な経営課題といえるでしょう。**

PART3

ソーシャルメディアの活用に注目したビジネスモデル

LESSON

06

ソーシャル活用モデル

事例1

グルーポンはなぜ史上最速で上場できたのか

カ **グルーポン**とか**ポンパレ**って知っていますか?

ゆ 一時期、話題になりましたよね。何人か集まると安く買える、みたいな。

カ そうです。**一定の時間内に共同購入することで安く買えるサービスです。**

たとえば、ある地域のレストラン1万円のコースが24時間以内に50人集まると5000円で購入できるようなクーポンですね。いわゆる**「フラッシュマーケティング」**と呼ばれる手法です。

売値は半額でも、広告費などのプロモーション費はかからず、お客さんがお客さんを呼んできてくれるし、大量に売れます。利益が出ている限りは、お店としては

グルーポンはなぜ、史上最速で上場できたのか?

従来

チラシや広告で
特売品や限定品で
人を集める

→ 他の商品も
買ってもらう

グルーポン

1万円のおせち料理が、
24時間以内に50人集
まると5000円に!

- 売値は半分になるが、
  大量なので売上は上がる
- 宣伝費が不要
- 口コミが広がる

→ でも、本当に1万円の
価値のあるもので
ないとダメ!

利用価値があるのです。

(ゆ)新規のお客さんが来てくれるメリットがありそうですね。

(カ)ところで、先着何名様に無料とか特別価格っていうチラシ、よくありますよね。

(ゆ)**スーパーの特売品**とかですね。限定数の目玉商品はやたらと安いんですよね！

(カ)これは、安い商品を目当てに集まってきた人に、その他の通常価格のものを買わせる戦略ですが、広告などの販売告知インフラが多くかかるし、特売品が完売した後は効果が薄れてしまいます。

それに、その特売品のこと、お友達に教えますか？

(ゆ)いいえ!! だって、自分の分がなくなっちゃうもん。

(カ)そう、数量限定の目玉商品は人に言わない方が得なんです。グルーポンは逆の仕組みをつくりました。お客さんは、みんなに宣伝した方が自分も得をするので、自動増殖化機能を持っているんです。

グルーポンのビジネスモデルは、**お店が自ら拡散しなくても広まる点が画期的**なのです。

(ゆ)でも、届いた商品が宣伝と違ってみすぼらしかったとかで問題になりましたよね？

カ　ありましたね。１万円の商品を５０００円で購入したはずだったのに、商品がはじめから５０００円以下の価値しかなかったというトラブルが起きて社会的な問題になりました。

　このビジネスモデルは、顧客に正しい価値のあるものを提供するということが大前提でなければならないのです。

ゆ　やっぱり信頼が大切ですね。

カ　最近では、来店したお客さんをぞんざいに扱ったために、かえって店の評価が下がるなどの問題点も指摘されており、物販など新たなビジネスモデルも模索されています。

グルーポンのビジネスモデルを５つのポイントで考えてみましょう！

解答例

1 顧客	割引でサービスなどを受けたい人
2 顧客価値	人が集まれば割引になるクーポンの提供
3 経営資源	クーポン実施店舗の営業　システム バイラルの仕組み
4 差別化	知名度　フラッシュマーケティングノウハウ　資金力
5 収益	クーポン金額に応じた収益　広告、他

ソーシャル活用モデル

事例2

試行錯誤中のシェアサービス 子ども服・ベビー服交換サイト スレッドアップ

カ 古着とか買いますか?

ゆ 昔はよく買ったのですが最近は新品が安くてカワイイのであまり買わないですねぇ……。

カ アメリカでは、ソーシャルメディアの普及やMOTTAINAI(もったいない)=**ものを大切にみんなで使おう**という気運が高まったため**「シェア」**というビジネスモデルが誕生しています。ただ、ビジネスとして成功するのは大変なようです。

ゆ 地球に優しい社会を作るという視点からも、買った服は捨てるより誰かにあげた方がいいですよね。倹約にもなるし~。子ども服とかベビー服などはすぐに子ど

ソーシャルメディアを活用したシェアサービス

例）「thredUP（スレッドアップ）」の使わなくなった
子ども服・ベビー服を交換するシェアサービス

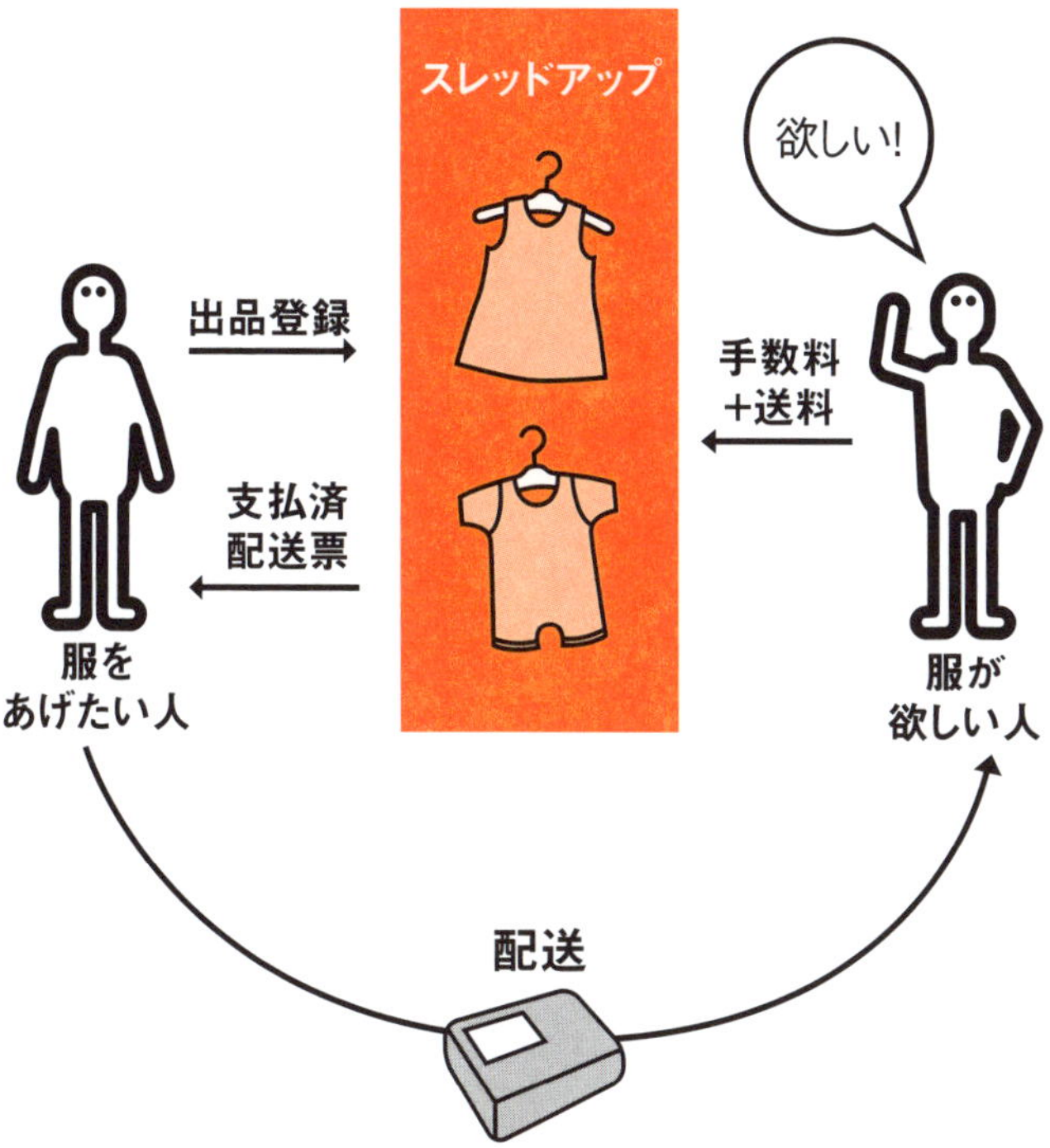

・服をあげたい人と欲しい人をつなぐサービス
・収益は手数料

もが成長して着られなくなっちゃいますしね。

カ ハーバードビジネススクールの学生たちが立ち上げた「スレッドアップ」というサービスが目を付けたのが、まさにそこです。

当初は大人用の服の交換サイトでした。話題性はあったのですが古着を交換するニーズはあまりなかったため、子ども服・ベビー服の交換サイトに変更したところ、これが若く忙しい子育てママの間で人気となりました。

まず最初にサイトにユーザー登録をして空のバッグを請求すると、発送用の指定の袋が送られて来ます。その中に、子供服やベビー服を詰めて宅配便で送ります。

ゆ その袋ごと交換するんですか?

カ はい。各品のサイズや色、特徴などを、ホームページ上に登録すると、品物を欲しいと思ったユーザーは、取扱費用（約5ドル）や発送費（約11ドル）など合計で約16ドル支払うと、宅配便が欲しい人に届けるという仕組みでした。そして中身が想定と異なるようなトラブルが起きないよう、受け取った人が送った人の評価をする仕組みです。

ゆ ネットオークションなどでも、そうした評価システムが参考になりますよね。

(カ) こうした個人と個人の間を介在するサービスはトラブルが起きるので、「信頼」が一番大切ですからね。

しかし、現在はビジネスモデルが変わりました。服を洗わずに袋ごとスレッドアップに送るだけで無料でホームページ上に価格や画像が登録され、実際に売れた際に売上金の一部が送った人の収入となる**買い取りモデル**になっています。

他にも中古家電の買い取りやルームシェアなどのサイトも登場して、人気です。

(ゆ) シェアのビジネスモデルはまだまだ試行錯誤中なのですね。

スレッドアップ（子ども服・ベビー服シェアサイト）のビジネスモデルを５つのポイントで考えてみましょう!

解答例

1 顧客	MOTTAINAIに関心のある人、倹約したい人
2 顧客価値	子ども服・ベビー服のシェア（交換売買）
3 経営資源	シェアする仕組み
4 差別化	ソーシャル連動　地域制
5 収益	手数料

ソーシャル活用モデル

事例3

ソーシャルメディアでワインを50億円売った男ゲイリー

Ⓚゲイリー・ヴェイナチェックさん、知らないですよね？

Ⓨ誰ですか？

Ⓚアメリカでソーシャルメディアを利用して**1人でワインを50億円以上売った**人です。

Ⓨ1人で？　どうやって？

Ⓚゲイリーさんは、２００６年にWinelibrary TVという**ワインを紹介する動画コンテンツ**をスタートさせた人で、アメリカで有名人です。ワインは好きですか？

Ⓨはい！　でも、銘柄とか何年物とかそういうのは複雑すぎて分かりません。

ソーシャルメディアを使って 50億円売り上げたWinelibrary TV

1. ソーシャルメディアを使って「ウォンツ」に訴求した

ウォンツ：欲しい物（例：ワインの知識が欲しい）
ニーズ：必要な物（例：ワインを買う）

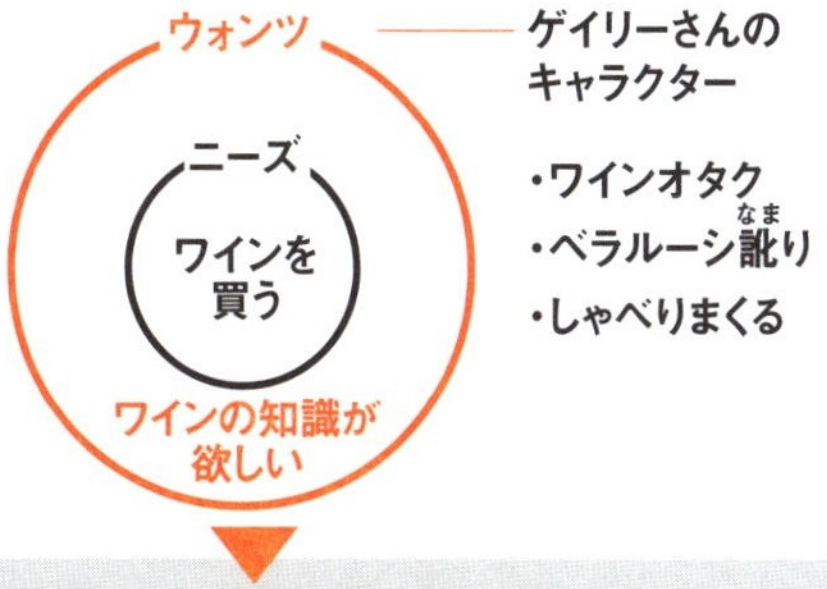

2. 顧客の信頼を得ることに成功した

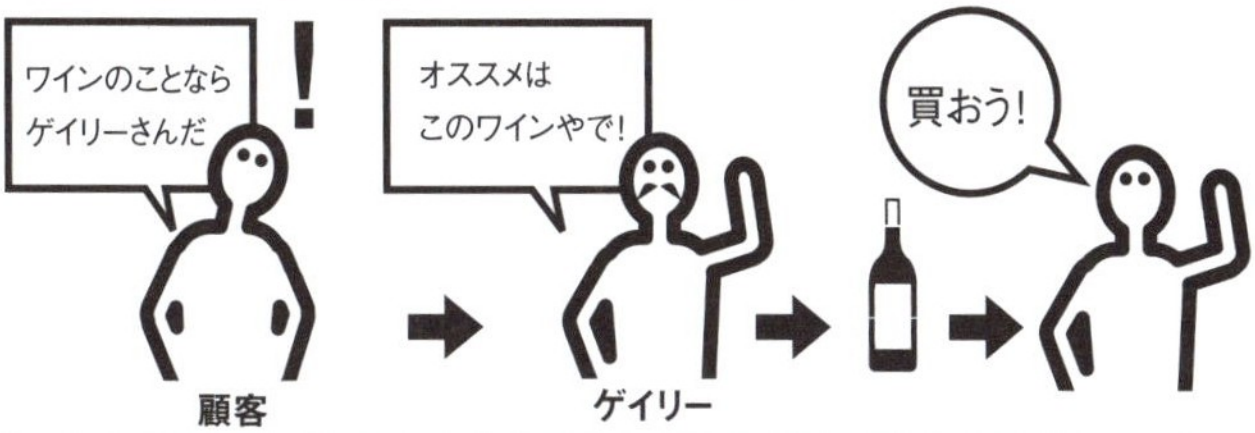

3. 顧客がソーシャルメディアで拡散

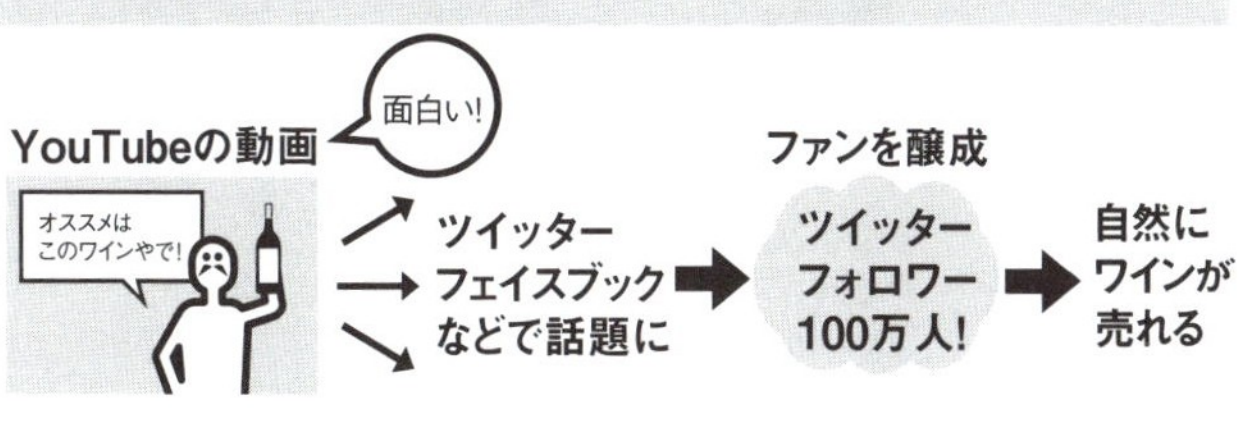

カまさに、ゲイリーさんは、好きだけどよく分からない人向けにワインについて分かりやすく動画で解説したのです。

面白いのは、彼はショッピングチャネルとして人気になったのではなく、ベラルーシ訛《なま》りで強烈にしゃべりまくることで、彼自身が「ワインのことならゲイリー」というブランドをつくることに成功したのです。ツイッターのフォロワーは、100万人近くいます。フェイスブックやツイッターというソーシャルメディアと動画を連動することによって、どんどんクチコミが広がったのです。

ゆじゃ、無料でできたんですね！　わたしもやろうかな。

でもなぜ50億円以上もワインが売れたんですか？

カ**ソーシャルメディアの時代では、無理に物を売ろうとしても、売れない**のです。ゲイリーさんは、**ファンからの「信頼」**を得ることで、動画の最後でワインを紹介すると、自動的に売れるというビジネスモデルを構築したのです。

ゆ企業のマーケティングの仕方も変わってきているんですね。

カフィリップ・コトラー博士は、マーケティング3・0という言葉を使っています。企業が広告宣伝を行い、消費者がモノを買うのがマーケティング1・0、消費者が「食べログ」のように商品やサービスを評価することによって人々が購買行動をするのがマーケティング2・0。そして、**ソーシャルメディアなどのクチコミによって、消費者が企業のブランドをつくる時代のことをマーケティング3・0**といいます。

ゆ　ゆるビジ子も動画で人気になって何か売りたい！

カ　世の中で知りたい！　と思われているようなコトで、自分がとても興味を持っている好きなことを見つけるとよいでしょう。今はソーシャルメディアで無料で情報発信ができますから。

ゆ　好きこそものの上手なれ！　ですね。

Winelibrary TV のビジネスモデルを５つのポイントで考えてみましょう！

解答例

1 顧客	ワイン好きの人
2 顧客価値	ワインについての深い知識を動画で提供
3 経営資源	動画　ソーシャルによるクチコミ　知識
4 差別化	強烈なキャラクター
5 収益	販売益

ソーシャル活用モデル

事例4

アマゾンに12億ドルで買われたザッポスは、なぜウェブの靴販売で成功したのか

カ 靴はどこで買いますか?

ゆ 普段はお店ですが、アマゾンで買うこともありますよ。Javariは、30日間返品が可能だから、複数注文して、合わない靴は返品するんです。

カ おー、進んでますね。まさに、2009年にアマゾンが12億ドルで買収した今のJavariが、**ザッポス**という会社なのです。

ザッポスは、1999年にトニー・シェイ氏らによって創業された靴のオンライン小売サイトです。自らを**「靴を売ることになった顧客サービス企業」**と呼び、顧客サービスの高さがクチコミで広がり、成功した会社です。

モノではなく感動を売る
ザッポスのWOW型ビジネスモデル

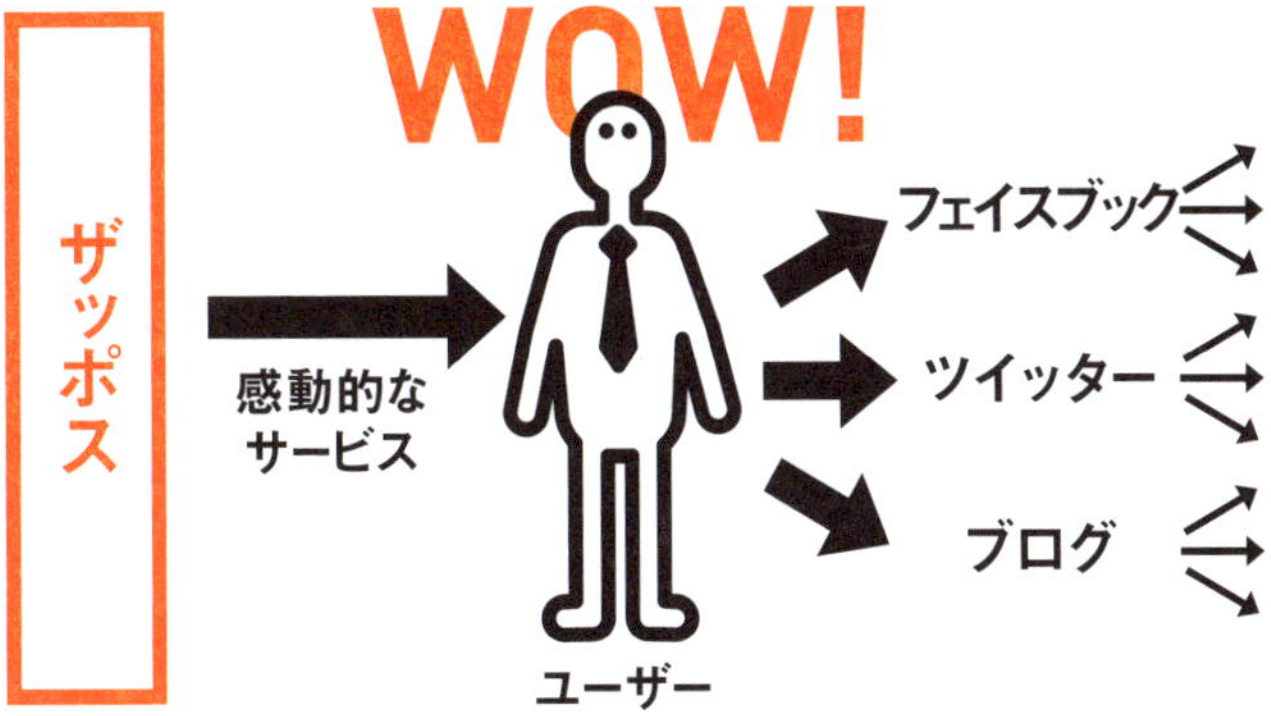

なぜ、「WOW!」といわれるサービスが提供できるのか?

ザッポス10のコア・バリュー

1. サービスを通して、WOW(驚嘆)を届けよ
2. 変化を受け入れ、その原動力となれ
3. 楽しさとちょっと変わったことをクリエイトせよ
4. 間違いを恐れず、創造的で、オープン・マインドであれ
5. 成長と学びを追求せよ
6. コミュニケーションを通して、オープンで正直な人間関係を構築せよ
7. チーム・家族精神を育てよ
8. 限りあるところからより大きな成果を生み出せ
9. 情熱と強い意志を持て
10. 謙虚であれ

(出典:『ザッポスの奇跡』p.92-3より)

(ゆ) どんなサービスですか？

(カ) ザッポスには、いくつかの有名な逸話があります。たとえば、カスタマーセンターでは通常、顧客との会話時間をコスト削減のために短くするように奨励していますが、ザッポスでは、一切時間を計らず、お客さんが満足するまで対応するようにしています。中には、６時間も話していた例があるそうです。

また、経営陣の一人が試しに「ピザを注文したい」とザッポスのコールセンターに電話したら、「ピザは売っておりませんが、デリバリーのピザの電話番号をお伝えできます」という対応をされたそうです。

(ゆ) すごいですね。でも、そんなに対応してたら**コストばっかりかかって、もうからないんじゃないですか？**

(カ) 人が良い情報を広げるのは、期待したサービスをはるかに超えたとき、つまり**良いクチコミはＷＯＷ！　と叫んでしまうような感動を得たときだけ**だといわれています。そうしたお客さんは、ロイヤルカスタマーとなり、ブログやＳＮＳで、ザッポスとの感動的な話を書いて、新しいお客さんを連れてきてくれるのです。さらに、そうしたお客さんはリピーターとなってくれます。返品ＯＫも評判になりました。

通常、**新規獲得コストとリピーター維持のコストは5：1**といわれています。ザッポスの対応は、その両方を同時に実現することができるため、必ずしもコスト要因だけではないのです。

ゆ でも、従業員の人も忍耐強くないといけないですよね。

カ 従業員への待遇も非常に良く、「最も働きがいのある企業100社」にもランクインしていました。**採用の基準として、ザッポスのカルチャーに合うフレンドリーな人かどうかを最も重視**していたそうです。

ゆ その素晴らしいカルチャーがアマゾンになって変わらないといいですね。

ザッポスのビジネスモデルを５つのポイントで考えてみましょう!

解答例

1 顧客	ネットで靴を買いたい人
2 顧客価値	何足でも試して購入できる　WOWという感動を与える顧客対応
3 経営資源	共通の価値観を持った社員　システム
4 差別化	ソーシャルを利用した感動サービスの提供
5 収益	販売益

Column

クラウドで急成長中のセールスフォース・ドットコム

インターネットのブロードバンド化が進み、クラウドサービスが急速に普及してきています。

クラウドは直訳すると「雲」ですが、クラウドコンピューティングの略で、**データなどを自分のパソコンではなく、インターネット上に保存するサービス**のことを指します。Gmailなどのウェブメールからスケジュール管理、データ転送サービス、写真管理サービス、動画共有サービス、業務用ソフトウェアまで、様々なものがあります。

1999年にマーク・ベニオフ氏により設立されたセールスフォース・ドットコムは、クラウドの一種であるSaaS事業、さらに最近はPaaS事業で急成長しています。

従来会計ソフトや顧客管理ソフトなどは企業が自社で開発するかパッケージソフトを利用するのが一般的でしたが、それらをウェブ上で提供する「サービスとしてのソフトウェア」（SaaS）を提供したのです。

さらに2007年からはPaaS事業も急拡大しています。これは、SaaS機能に加えて、クラウド上で様々なシステムをユーザーが構築し、利用できるプラットフォームのシステムを提供するものです。これにより、企業のシステム担当者は効率的に新しいソフトを迅速に開発できる環境を得ることができます。

これらのクラウドサービスを利用するメリットとしては、以下のようなものが挙げられるでしょう。

①オンデマンド：必要なときに必要な分だけ利用できる

②デバイスフリー：どこでも、パソコンやスマートフォンからアクセスでき、データの入力・閲覧が複数の人で可能になる

③スケール対応：大規模なデータの増加にも迅速に対応できる

④サーバの最適資源配分：複数サーバの活用によって、柔軟な運用が可能

⑤従量課金：利用した分だけ支払う

たとえば、ゆるビジ子ちゃんは自分のコンサートを1回だけ開催することになったとします。ウェブでチケットを販売しようと思いますが、そのためにサーバを買ったり、販売のシステムを構築したりすると、大変なお金がかかります。

使用頻度が少ないのであれば、それらをすべて自分たちで用意するより、クラウドで借りれば、はるかに短期間で安くつくることができるのです。

最近ではLCCなどの格安航空会社が共同して、チケットの発券システムをクラウドで他社に提供してもらう動きもあります。地震対策などで海外にサーバを設置する企業も増えてきました。

自社が競争するべきではない領域においては、こうしたサービスを利用することによって、コスト削減やシステムの安定性を実現することができます。特に、中小企業にとっては、クラウドを利用した方が安心かつ安価にできるでしょう。

一方で、使用にあたっては、信頼できるクラウドサービスを選ぶこと、個人情報の管理など、セキュリティ対策についても十分注意する必要があります。

Column

シェアが既存産業を破壊する

2015年12月、サンフランシスコ市で最大のタクシー会社であるYellow Cab社が破産しました。原因は、配車アプリのウーバー（UBER）などとの競争激化でした。

ウーバーらが提供するサービスは、スマホの専用アプリから近くにいるタクシーを呼ぶというもの。しかし、**ウーバー自体は、基本的には自社のクルマを保有せずまたドライバーもいません。**

支払いは事前登録したクレジットカードで自動決済され、ドライバーは現金を扱わずにすむため、強盗などの心配も少ないといわれています。また**ドライバーと乗客が互いに評価しあうシステムもあり、簡単で安く、しかも接客態度も良い場合が多いといわれ、ドライバー、乗客いずれにもメリットのある仕組みです。**しかし、現在日本では、配車アプリは白タクに該当するとの理由から規制に抵触し、いまひとつ普及していません。今後規制緩和が進めば日本でも海外同様に普及していく可能性があるでしょう。

ウーバーの他にも、個人の所有する空き部屋を、インターネットを通じ宿泊希望者に仲介しマッチングをするエアビーアンドビー（AirBnB）なども似たビジネスモデルであり、これらはシェア型のプラットフォームビジネスといわれています。

これらはすべて、**「稼働していない」人やモノを有効利用したい人や会社とそれらを安く利用したいと思っている人や会社をマッチングさせるビジネスモデルです。**

今あらゆる業界でこうしたシェア型プラットフォームベンチャーが既存の業界秩序を破壊するほどの影響力を持つようになってきています。

2008年創業のエアビーアンドビーは現在世界中で展開しており、すでに取扱う部屋数は世界最大級のホテルと同じレベルになっています。

エアービーアンドビー自体は宿泊施設を一切所有していないで、空いている個人の部屋、使っていない別荘などを借りたい人に仲介しているだけです。

宿泊するゲストは本人確認が義務付けられ、宿泊後は互いの態度を評価しあうことでクオリティの高いサービスを実現しているのも特筆すべき点です。従来のホテルなどでは設備などのハード面での評価を行政が行い認可・許可などをしていたわけですが、シェア型プラットフォームでは最初は簡単な審査だけで誰でもがサービス提供者になれるようにハードルをさげる一方で利用者による評価システムによって良いサービス事業者とそうでない事業者を峻別することでクオリティ（質）の管理を行っているのです。

万一の場合に備えて百万ドル相当の保険も付与されています。そして他のユーザーは利用前にそれらの評価を参考にできます。

エアービーアンドビーの収益源は、部屋を貸したい人から宿泊料金の3％程度、ゲストからは6〜12％の手数料を取るモデルです。

ほかにもアップワークのようなソフト開発や翻訳などの仕事のアウトソースができるプラットフォームや、トイレを貸す人と借りたい人をマッチングするものなど実に多様なサービスが登場していきています。これらは限られた資源の有効活用という点からもエコですし、今後益々増えるでしょう。

PART4

収益構造に注目したビジネスモデル

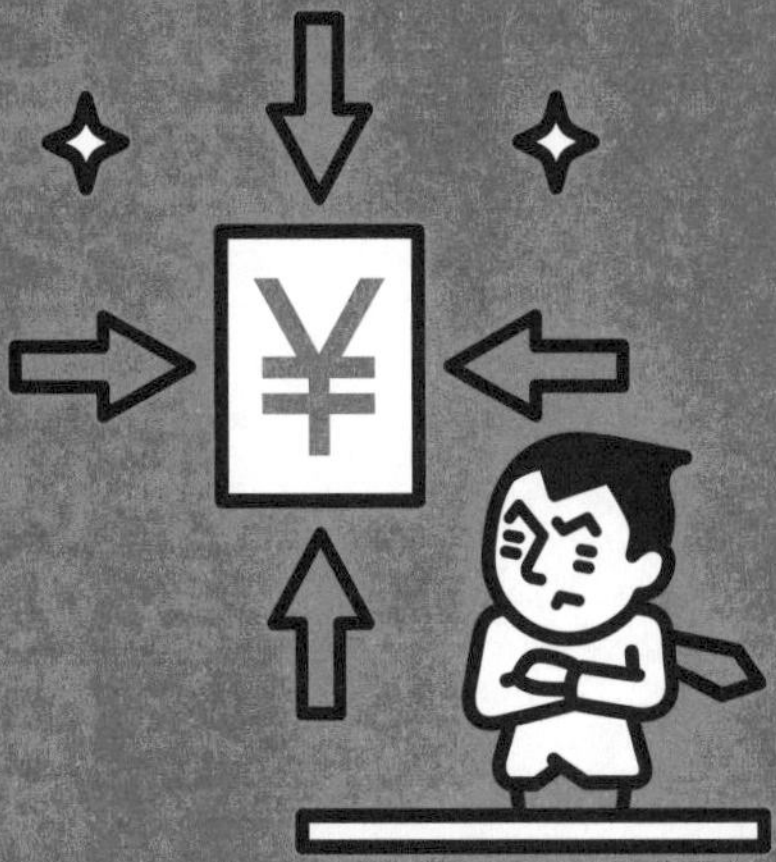

LESSON
07
「カミソリと刃」型モデル

事例1

コーヒーとコピー機の関係は？消耗品で収益を上げるネスプレッソ

カ 会社でコーヒー飲みます？

ゆ はい！　カプセルをガチャンと入れるやつを使ってます。

カ **ネスプレッソ**マシンですね。コーヒーとコピー機の関係って何か分かりますか？

ゆ えー、「コ」がいっしょ？

カ （笑）。実は同じようなビジネスモデルなんです。**コピー機のビジネスモデル**ってどんなものか知ってますか？

ゆ 本体はリースして、紙とトナーを買わせる？

カ その通り。ネスプレッソはネスレという会社がやっているサービスで、家庭や

「カミソリと刃」型で快進撃するネスプレッソ

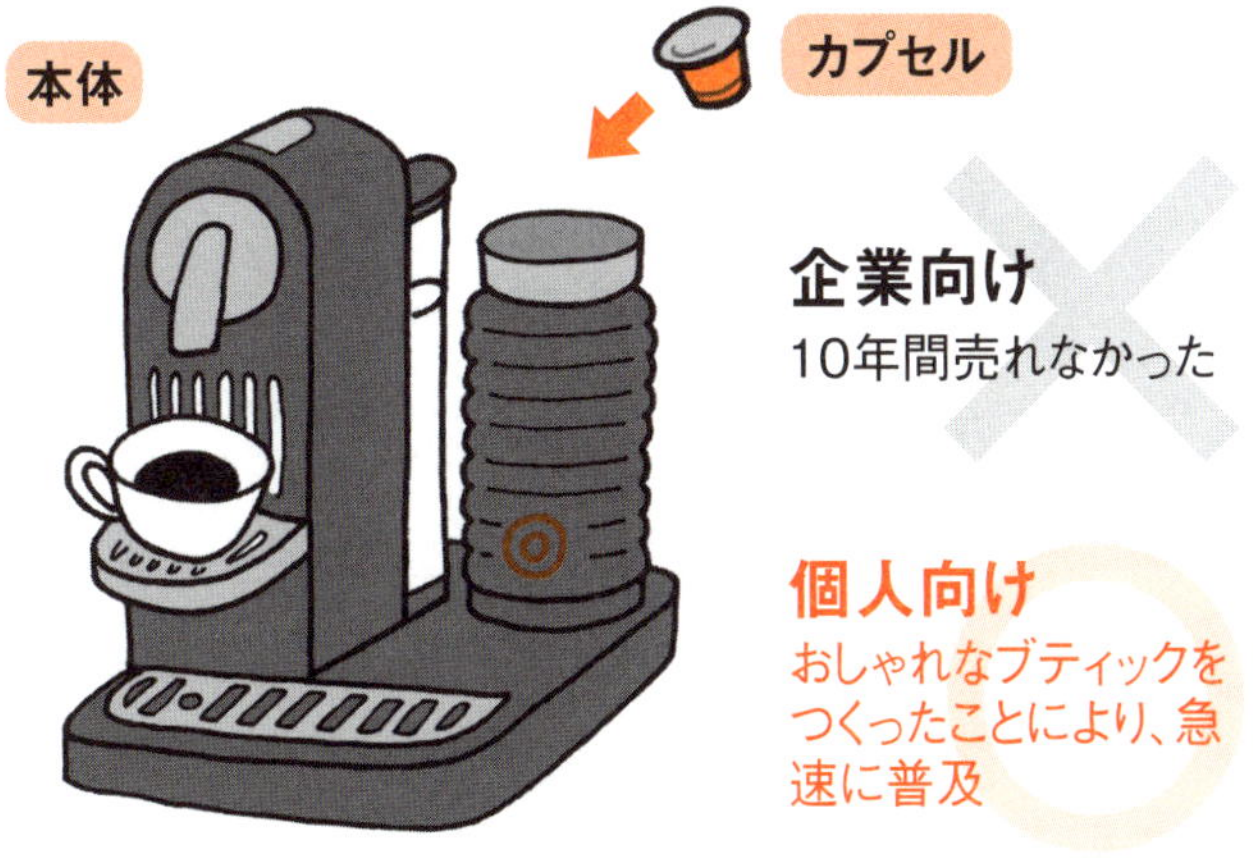

「カミソリと刃」型ビジネスモデル

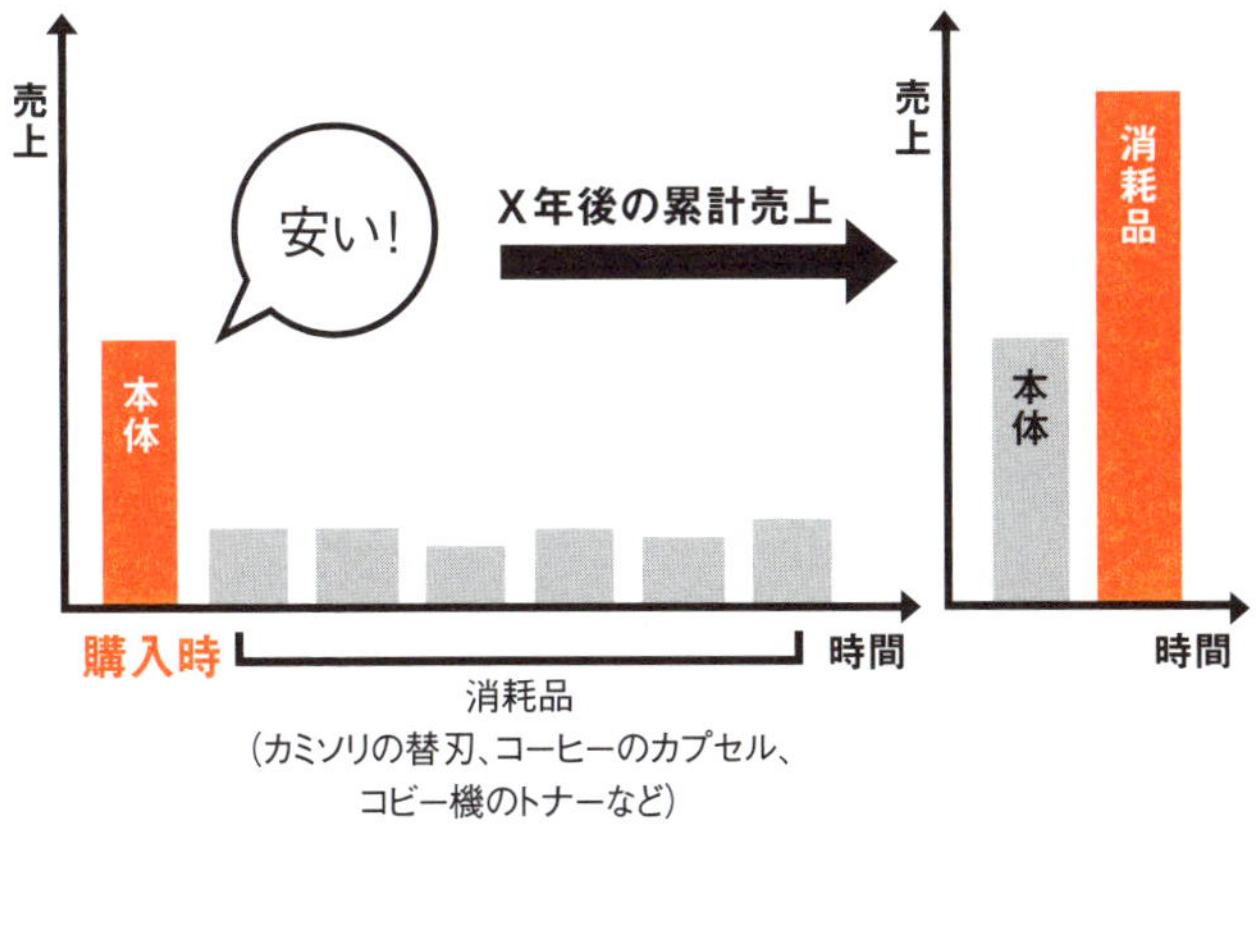

会社にネスプレッソマシンを売って、粉をカプセル化しているんですね。**マシンを買った家庭や会社は、継続的にカプセルを購入する仕組み**になっています。

ゆ なるほど。

カ ネスレは、従来はインスタントコーヒーだけを販売していたんですが、スターバックスのような香り高いおいしいコーヒーを飲みたいという人や、エスプレッソが飲みたいというコーヒー愛好家たちを取り込めなかったのです。

ネスレが考えたコーヒーの原則は2つありました。1つは、カップ1杯が常に新鮮なコーヒーであること。2つめは、好きなコーヒーを選べるということ。この2つの原則を守りながら、考えついた新しいビジネスモデルが、1986年に生まれたネスプレッソだったんです。

ゆ けっこう昔からあるんですね。

カ 実は10年以上もまったく花開かなかったんです。当初、非常に価格が高く、企業向け販売が中心でした。ところが、2000年、パリに消費者がネスプレッソを体感できるおしゃれな直販店舗（ブティック）をオープンしてから、急速に売上が上昇したんです。今では、全世界で300店舗以上ブティックを展開しています。

ゆ へー、おしゃれな店舗。アップルストアみたいですね。

カ そうなんです。**従来コーヒーを売っていた会社が、いきなり電化製品までをつくって市場参入するというのは非常に大変**なことだったのです。しかしおしゃれなブティックによる直販でようやく消費者の心をつかみました。今では、テレビやインターネット経由で一般消費者に販売して成功しています。

　このようなビジネスモデルは、そもそも**髭剃《ひげそ》りの本体を安く売り、替刃を継続的に販売する**というジレット社のモデルが成功して有名になったので、**「カミソリと刃」型**と呼ばれています。

ネスプレッソのビジネスモデルを５つのポイントで考えてみましょう!

解答例

1 顧客	家庭や職場で入れたてのコーヒーの香りと味を楽しみたい人
2 顧客価値	カプセル化されたコーヒーで手軽に家庭で入れたてコーヒーを美味しく飲める
3 経営資源	おしゃれなショップ　優れたマシンのデザイン
4 差別化	ブランドのある食品会社がメーカーに進出
5 収益	ネスプレッソ販売収益　コーヒーカプセルの継続的な収益

逆「カミソリと刃」型モデル

事例2

iPhoneとカミソリの関係は？ iTunesで本体を売るアップル

㋕音楽っていつもどうやって買ってますか？

ゆアップルのiTunes Storeでダウンロードしてます。

㋕iPhone、iPod人気ですよね。今や、音楽はダウンロードして聴くのが当たり前になりました。

iPhoneとカミソリは、実は逆の関係なんです。

ゆどういう意味ですか？

㋕カミソリは、カミソリ本体を安くして（当時は無料で配った）替刃を継続的に売るビジネスモデルでしたね。

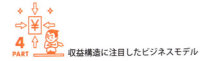

iPhoneの逆「カミソリと刃」型モデル

iPhone＝コンテンツが魅力的なので、高価な本体を買う

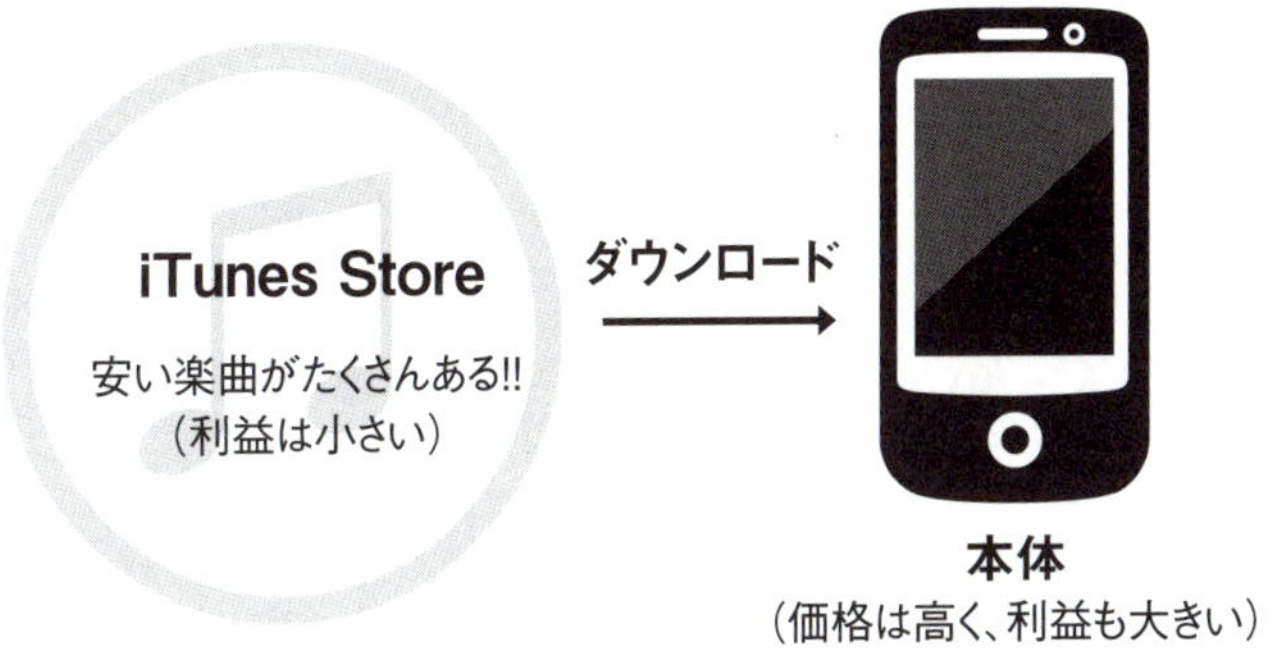

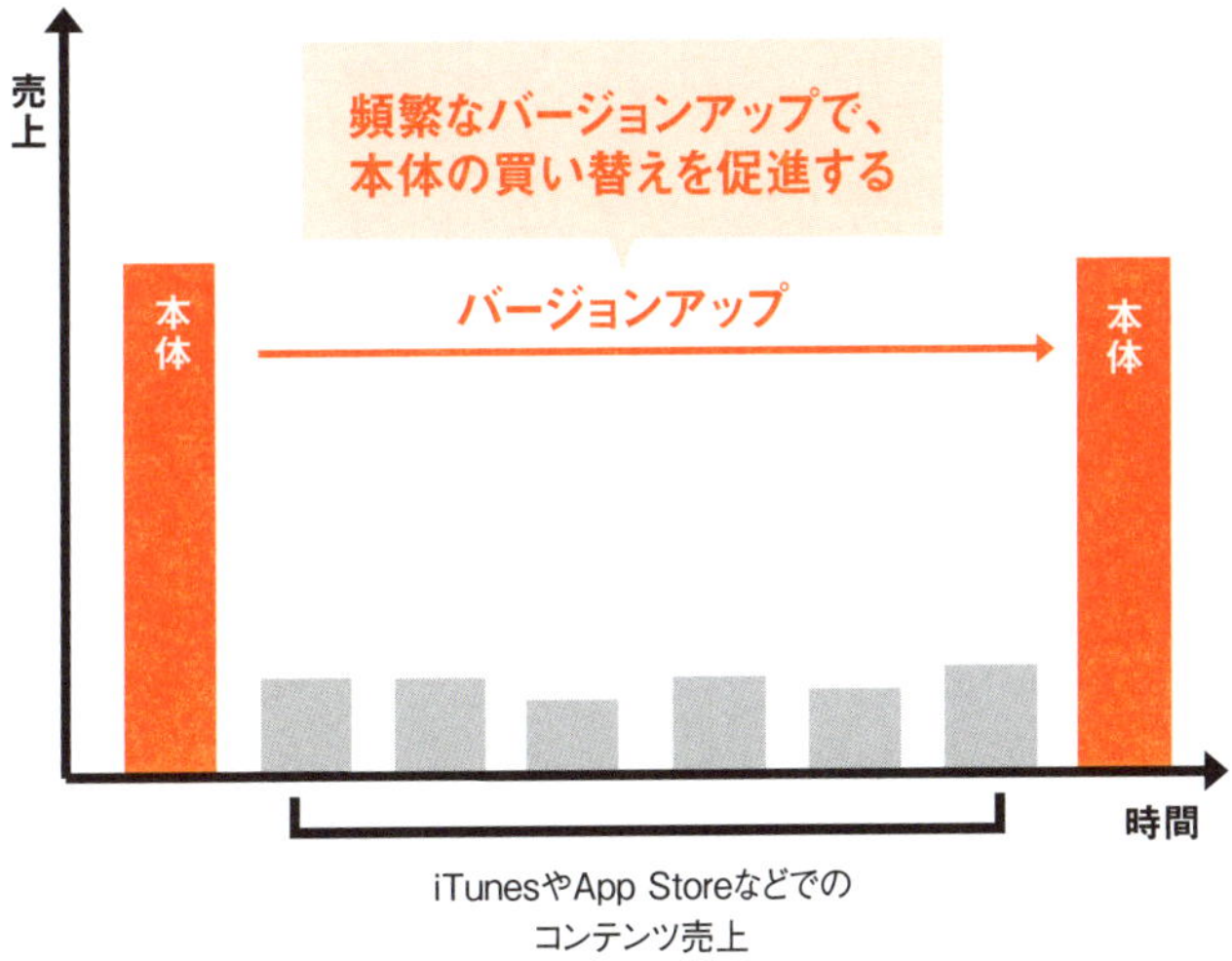

それに対して、アップル社の**収益の8割以上はiPhone・iPod本体**というハード販売からの利益なのです。アイチューンズストアという音楽をダウンロードできるサイトをつくり、ほとんどが99セント以下という安い値段で販売することによって、本体の魅力を増したのです。つまり、**魅力的な替刃をなるべく安く売ることによって、高価なカミソリ本体の魅力をアップして成功したモデル**なんです。

ゆ　でも、それじゃ一度販売したら収益は終わりですよね？

カ　その通り。だから**携帯電話会社と提携してその通話料の一部を得るiPhone**を発売したり、**機種もモデルチェンジを常に行って買い替え**を促しているのです。もしかしたら今後は、音楽や電子書籍などのコンテンツの価格を上げることによって、販売手数料や決済手数料で収益を上げていく可能性もあります。

ゆ　**ハードで稼ぐかソフトで稼ぐかで変わってくる**のですね。

カ　アマゾンも、**電子書籍端末キンドル**を発売しました。これも同じようなビジネスモデルといえそうですが、「カミソリと刃」型になるか、逆「カミソリと刃」型になるかは、今後の展開に注目したいと思います。

ゆ　アメリカのアマゾンには、書籍や電子書籍がたくさんあるし、キンドル本体も安いから**「カミソリと刃」型**っぽいですね。

（カ）最近は電化製品や衣料など、書籍以外の商品の販売も拡大してそこから利益を得ようとしていますね。

（ゆ）でも物販だけならPCやスマホで事足りるから、キンドルは買わないかも。

（カ）そうですね。やはりキンドル普及のカギは電子書籍タイトルの充実にあるでしょう。

　このように、デジタル化の流れが進む中で常に、今あるビジネスモデルは大きく変わっていく可能性が高いといえますね。

（ゆ）目が離せないですね。

iPhone のビジネスモデルを５つのポイントで考えてみましょう！

解答例

1 顧客	音楽好きでファッションに敏感な若者
2 顧客価値	すぐれたデザインと使いやすさ　無料や低価格の豊富なコンテンツ
3 経営資源	故スティーブ・ジョブズ　デザイン　他社から提供される豊富なコンテンツ
4 差別化	ブランド　デザイン
5 収益	8割以上が端末販売益　通信会社からの通話料キックバック　コンテンツ販売手数料

LESSON
08
分割モデル

事例

高価な物も分割すれば売れる!? 人間心理をつくデアゴスティーニ

ゆ テレビのCMでよく「創刊号は1000円が190円、デアゴスティーニ♪」ってやってますが、どうしてあんなに安く売ってるんですか?

カ **デアゴスティーニ社**は1901年創立のイタリアの老舗出版社で、百科事典や全集などを1冊ずつに分けて出版することで、今のビジネスモデルを確立しました。

ゆ なんで分割するんですか?

カ 電子出版の漫画シリーズでも分割していますが、**第1巻から第3巻まで読んだ人の多くは最後まで読む**そうです。ですから、通常、第3巻までは非常に安い価格にしています。

デアゴスティーニの分割ビジネスモデル

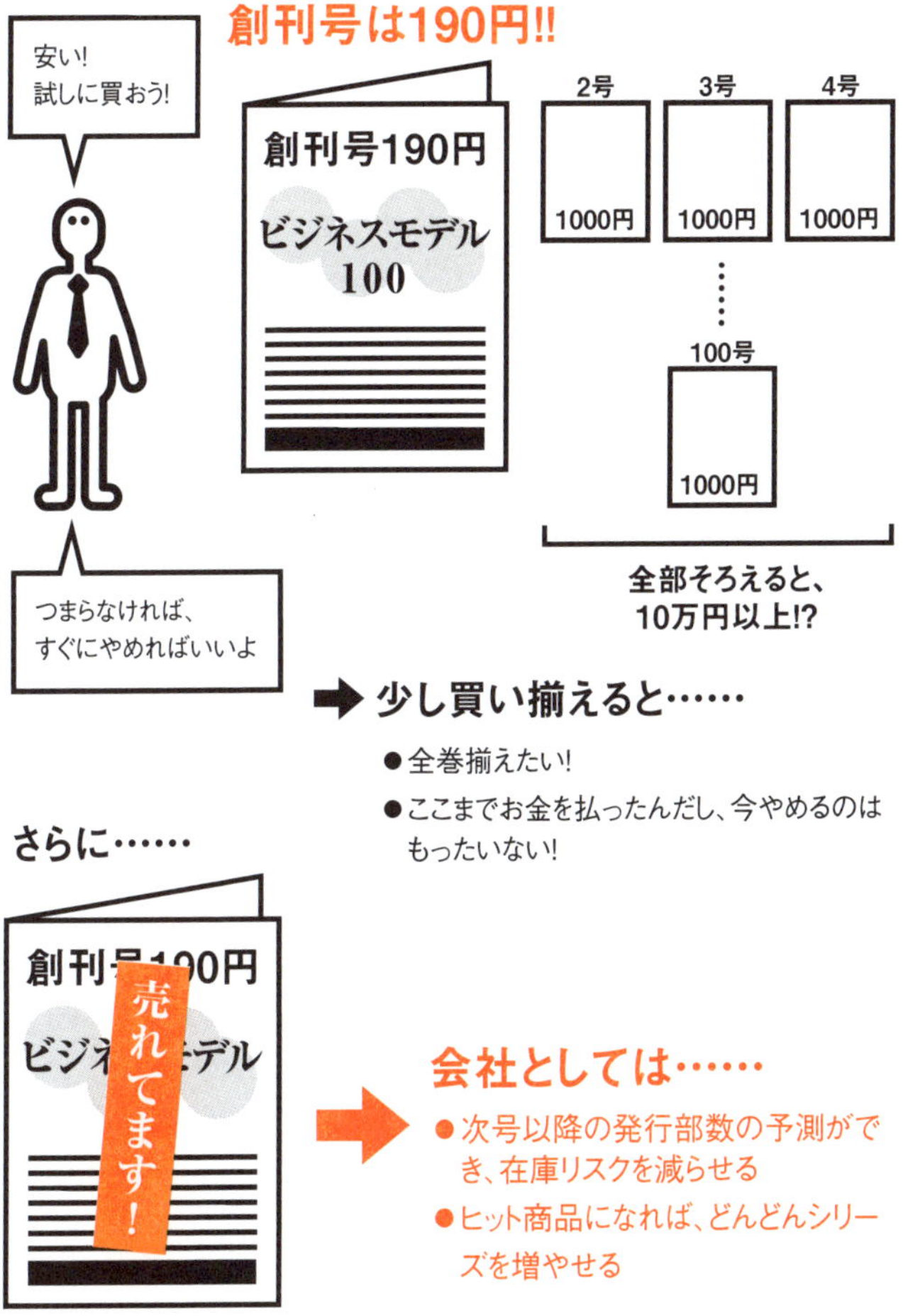

創刊時の売れ行き

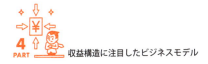

デアゴスティーニ社が創刊号を採算を度外視して安くするのは、とにかくこの1冊を購入してもらうことが大事だからなんです。また、**創刊号を期間限定**で大々的に宣伝すると、読者はこのお得な商品を急いで買わなきゃという気持ちになります。

ゆ　1000円が190円っていわれると、試しに買ってもいいなと思いますね。

カ　でもよく考えると、100号まで続いて全部買うとすると相当な金額ですよね。でも、創刊号を買うときはそのことは考えません。そこが分割ビジネスモデルのうまいところです。

ゆ　たしかに。**創刊号を買ったら、2号も買いたくなります**ね。

カ　その通り。人間はシリーズものをすべて揃えたくなるんです。漫画でも**全巻まとめ買いサイトが人気**ですよね。

また、**ある程度揃えたら最後まで揃えないと損した気持ち**になりませんか？

ゆ　ここまで払ったお金が無駄になる気がしますね。あと、プラモデルとかだと完成しないし（笑）。

カ　デアゴスティーニ社としては、創刊号の売れ行きを見ればそれ以降の発行部数の予想が立てられるので、**在庫リスクを小さくすることができます。**さらに、ヒット商品になれば、どんどんシリーズを増やしていくことも可能です。

ゆ シリーズが100冊だったら、1冊500円でも5万円！　1000円だったら10万円!!

カ 10万円の本を買う人はなかなかいないですが、このデアゴスティーニのような分割モデルを使えば、高額商品でも売ることができるのです。

ゆ 人間の心理をつかんだビジネスモデルですね。

カ 創刊号を安くして、次号以降で収益をあげる。創刊号＝本体と考えると、一種の「カミソリと刃」型モデルといえるでしょう。

デアゴスティーニのビジネスモデルを５つのポイントで考えてみましょう!

解答例

1 顧客	趣味の好きな人
2 顧客価値	手軽に学べる仕組み
3 経営資源	段階的に学ぶノウハウ
4 差別化	TVCM　分割型
5 収益	販売益　在庫リスク低

LESSON

09

ロングテールモデル

事例

なぜアマゾンは売れ筋以外の品揃えにこだわるのか？

㋕**アマゾン**で本買ったことありますか？

㋳ありますよ！

㋕どこが便利ですか？

㋳欲しいと思ったその場でスマホから買えるし、即日届くし、**書店にはないような本も必ずある**し、中古もあるからです。

㋕書店だと取りよせになるような本でもありますよね。それが**「ロングテール」**というビジネスモデルなんですよ。

ロングテールは「恐竜の長い尻尾のような」という意味ですが、**書店の実店舗では、**

アマゾンのロングテール

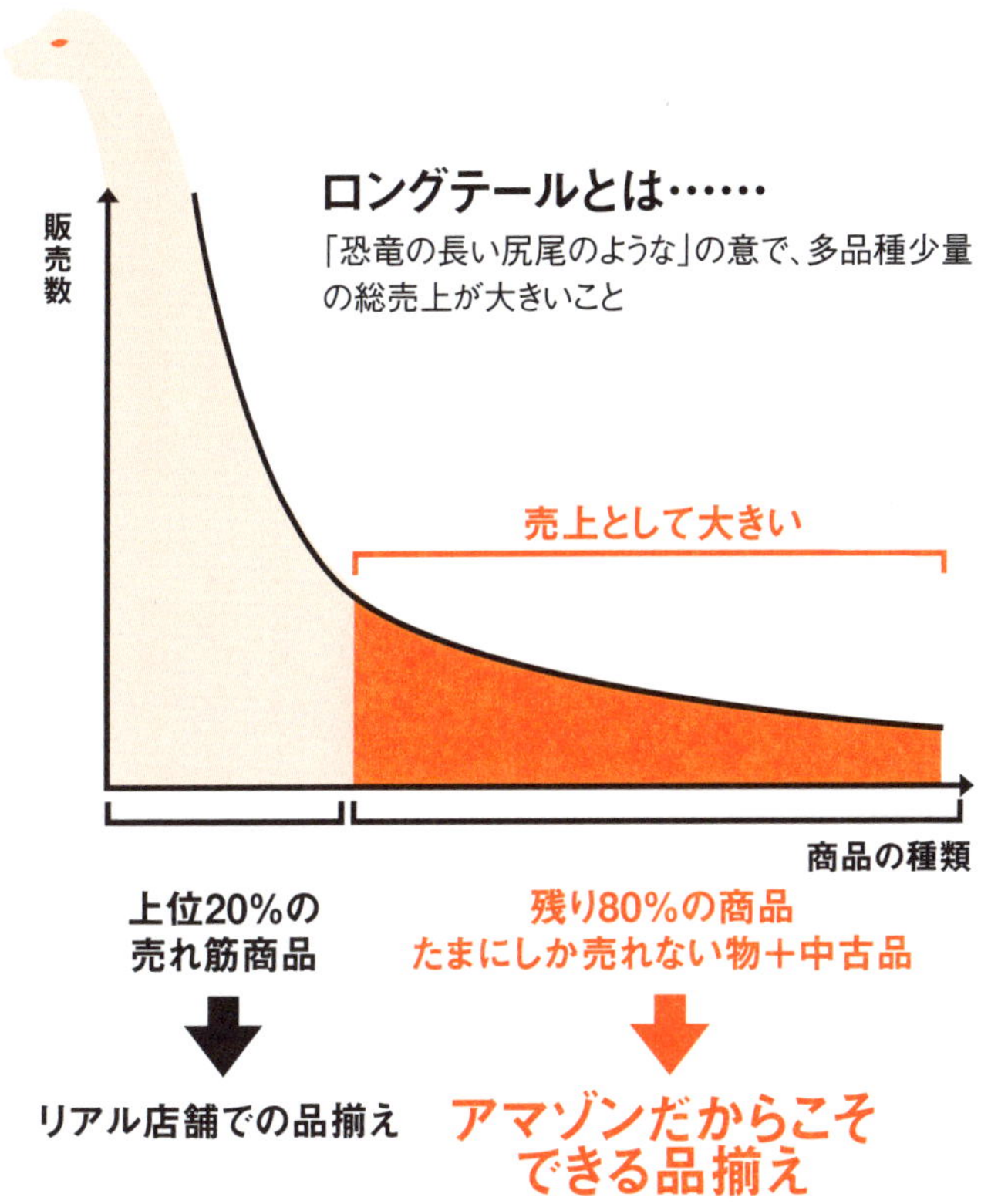

アマゾンの強み

1. 巨大な倉庫＋中古品の出品により、あらゆる商品がある
2. 最短で当日配送
3. 送料無料

通常は売れ筋の商品を中心に置いてあります。１年に１冊しか売れない本を置いておく場所の余裕もないですからね。古い商品は出版社に返品してしまいます。**再販委託制度**というものがあって、書籍はそのままの価格で返品ができるんですよ。

ゆ　へー、売れ残りは出版社に返品するのですね。

カ　だからあまり売れない昔の本は書店にはないんですよ。

それに対して、アマゾンは巨大な倉庫を持っているので、**たまにしか売れないような本も置いてある**んです。また、中古本を個人や古本屋が出品できます。検索すると新品と同時に掲載されるようになっているのでかなりレアな本もあるのです。

これらの**多品種少量購入のモデルをロングテールといい、一つひとつは少額でも合計すれば実はかなりの収益になる**のです。

ゆ　ネット書店だからこそ、できるんですね。実際そんなに商品を揃えた書店をつくろうとしたら、とてつもなく大きな本屋さんになっちゃう。

カ　**トイザらス**って知ってますか?

ゆ　おもちゃ屋さんですよね。

カ　はい、アメリカ最大の玩具店です。トイザらスは、かつてアマゾンと独占契約をして、アマゾンに出店していたことがあったのです。ところが、**トイザらスは旬な売れ筋商品しか納品しませんでした。**そのため、お客さんからロングテールのようなマイナーな玩具の注文が入ったときに、アマゾンは**他の玩具屋さんから仕入れて売ってしまいました。**

これは独占契約違反で当然訴訟になったんですが、結局、トイザらスは自社でネット販売を行うようになりました。

ゆ 同じように見えて実はビジネスモデルが全然違うのですね。

カ はい。**ビジネスモデルをよく理解することがこうした企業提携を成功させるためにも重要**なんです。

アマゾンのビジネスモデルを５つのポイントで考えてみましょう!

解答例

1 顧客	書籍、電子書籍、その他商品をネットで買いたい人 サーバを安価に利用したい人
2 顧客価値	書籍等について豊富な品揃え　迅速な配送 書評システム　送料無料
3 経営資源	中古品を含めたネット販売システム　巨大な倉庫 キンドル端末
4 差別化	圧倒的な品揃えと迅速な配送
5 収益	コンテンツ販売・コマース販売手数料・ キンドル端末販売

LESSON

10

製品ピラミッドモデル

事例

瀬死のスイス時計を救ったスウォッチ

（カ）あ、時計変えましたね。

（ゆ）はい。1万円くらいだけど、おしゃれでしょ！

（カ）高級品として有名なスイスの時計は今はとても人気ですが、瀕死の状況に陥った時代があったのですよ。

（ゆ）そんな時代があったのですか？

（カ）元々スイス時計は、職人が一つひとつ手づくりで、流通する専門ディーラーも百貨店などに限られていました。価格も**数百万円から数千万円もする**ような時計もあり、ほとんど宝飾品ともいえるもので世界中にファンがいます。

瀕死《ひんし》のスイス時計を救ったスウォッチ

	スイスの高級時計	シチズン
顧客の選択	高所得者	中・低所得者
価値の獲得	価格／時計	価格／時計
差別化／戦略的コントロール	伝統的なスイス製	デジタル技術を使った最低コスト
事業領域	フルライン	高級品を除いたフルライン
製造	職人芸	近代的で可能なかぎりの低コスト
流通	専門ディーラー	すべての流通チャネル
広告支出	低い（売上の1%）	高い（売上の10%）

（出典：『プロフィット・ゾーン経営戦略』p.120「図表 6-1 スイス時計業界とシチズンのビジネス・デザイン」より作成）

製品ピラミッド型

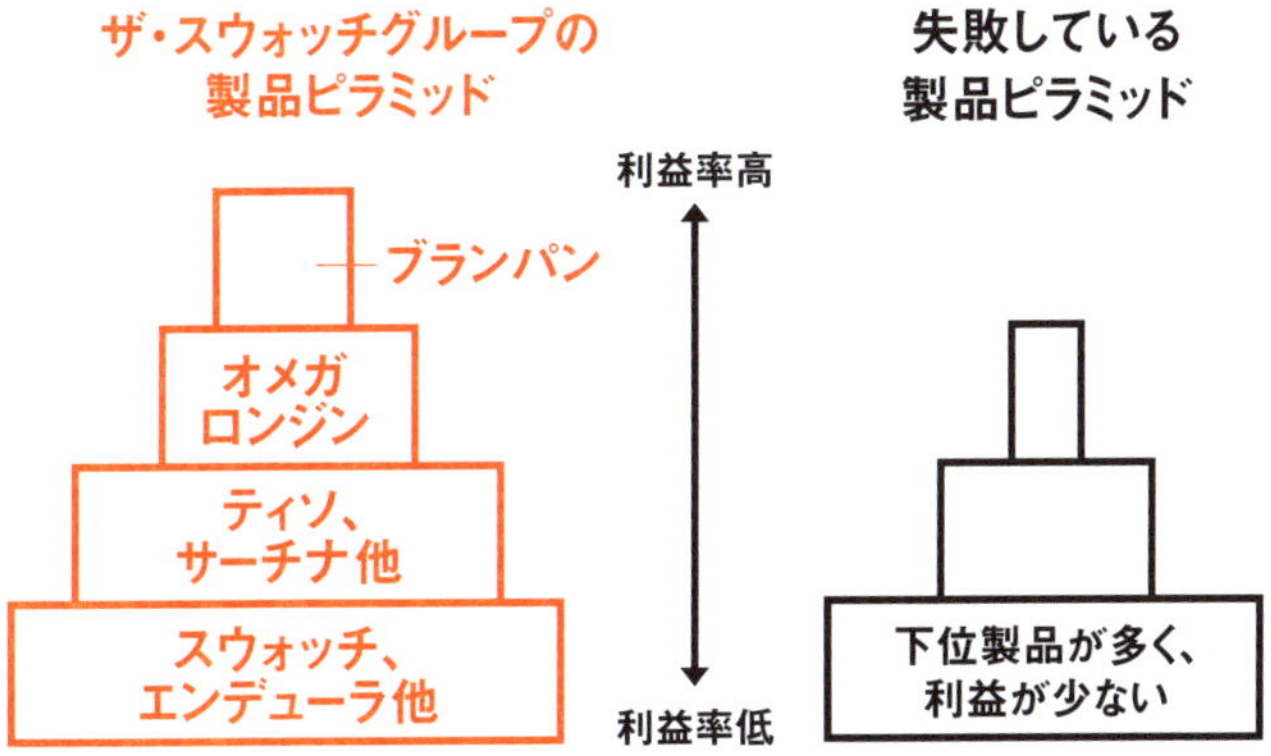

ゆ わー、わたしには縁のない世界ですね。

カ ところが、**１９８０年代にデジタル時計が誕生したことで経営難**に陥ってしまいます。シチズン、カシオといった日本のメーカーなどがきわめて安いコストで製造して、百貨店からスーパーまであらゆる場所で時計を売り始めたのです。これは**中・低所得者向けの商品**として、大々的な広告宣伝も奏功して世界中でヒットしました。

ゆ 確かに一時期みんなデジタル腕時計していましたよね！

スイスの時計はどうやって復活したのですか？

カ 従来の高級時計が売れなくなった中、ハイエクさんという人が**スウォッチ**という全く新しいコンセプトの時計を開発しました。

ゆ あ、カワイイ時計ですよね。すごい流行りましたね！

カ スウォッチは、プラスチック製で低価格で、若い人をターゲットにした時計です。スウォッチが新しかったのは、**アクセサリーやファッションの一部として時計を位置づけ**た点です。爆発的なヒットになり、一人でいくつも時計を買う、限定モデルが即完売するなどの新しい現象が起こりました。

ゆ 時計を一人でいくつも買うようにするなんて頭いい！

㋕実は収益モデルとしても秀逸なのです。具体的には、ザ・スウォッチグループ社は、スウォッチのような低価格モデルの他に中級モデル、さらにオメガなどの高級モデル他の４つの階層を持つ**ピラミッド型の商品構成**をつくったのです。

㋴高級モデルは利益が高いのですか？

㋕そうです。**大量の低価格商品をつくることによって、コストを下げ、他社が参入できないようにする**と同時に高級モデルの原価を下げて利益を大きくできたのです。製品ピラミッド構造にすることによって、全体として利益を生むビジネスモデルを構築したのです。

ザ・スウォッチグループのビジネスモデルを５つのポイントで考えてみましょう！

解答例

1 顧客	ファッションに敏感な若者から宝飾系高級時計を好む富裕層まで
2 顧客価値	ファッションのように着替える時計から宝飾品まで
3 経営資源	優れたデザインかつ低価格　職人による高級時計製造
4 差別化	低価格品による参入障壁構築　高価格帯の宝飾系時計による高い収益
5 収益	重層的な製品からの収益

LESSON

11

会員制モデル

事例

会員制はこんなにおいしい!? なぜコストコは成功したのか？

カ 会員制スーパーのコストコって知ってますか？

ゆ 行ったことあります！　巨大な倉庫みたいなお店でした。

カ コストコは、１９８３年に倉庫を改造した店舗で、卸しを通さず、消費者に直接販売するモデルを開始しました。今では小売りで、全米第3位の巨大企業になったんです。

ゆ すごい。でも会員にならないと買えないんですよね？

カ そうなんです。年会費を払って会員になった人だけが買える仕組みです。

ゆ どうしてそんなに急成長できたんですか？

郵便はがき

料金受取人払郵便

麹町局承認

176

差出有効期間
平成29年3月10日
(切手不要)

102-8790

209

東京都千代田区平河町2−16−1
平河町森タワー11F

Discover
ディスカヴァー
行

お買い求めいただいた書籍に関連するディスカヴァーの本

マジビジプロ ハンディ版 大学受験の神様が教える 記憶法大全

和田 秀樹(監修)

1300円(税抜)

受験指導の経験と、心理学の知識などを組み合わせた記憶術を伝授。仕事に活かせる社会人のための記憶術や、想起力を高める記憶法、記憶力トレーニングを具体的に紹介する。書き込み式のワークシートあり。

マジビジプロ ハンディ版 新人コンサルタントが最初に学ぶ 厳選フレームワーク20

株式会社フィールドマネージメント(著), 並木 裕太(監修)

1300円(税抜)

仕事を効率的に進められる、どこの会社や部署でも通用する、就活にも恋愛にもすぐに役立つ、基本的なフレームワークを厳選して紹介する。書き込み式ワークシート集つき。

結果を出す人がやっている ストレスを味方につける方法!

相場 聖

1200円(税抜)

ストレスコントロールはビジネスマン必須のスキル! ストレスタイプがわかる診断テストを紹介し、ストレス抽出法、内観法、丹田呼吸法、アファメーション法など、心を強くする27の方法を解説。書き込み式の診断テスト掲載。

図解とマンガでわかるリーダーになったら最初に読む プロジェクトを成功させる技術!

芝本 秀徳

1300円(税抜)

初めてチームを任された人や、いずれリーダーの立場になる人に向けて、プロジェクトを成功させるために役立つスキルとマインドを、図版とマンガで解説する。そのまま使えるワークシート8種テンプレート付き。

ディスカヴァー会員募集中

特典
- 会員限定セールのご案内
- イベント優先申込み
- サイト限定アイテムの購入
- お得で役立つ情報満載の会員限定メルマガ「Discover Pick Up」

詳しくはウェブサイトから!
http://www.d21.co.jp
ツイッター @discover21
Facebook公式ページ
https://www.facebook.com/Discover21jp

イベント情報を知りたい方は
裏面にメールアドレスをお書きください。

1843 マジビジプロハンディ版カール教授と学ぶビジネスモデル超入門！ 愛読者カード

◆ 本書をお求めいただきありがとうございます。ご返信いただいた方の中から、抽選で毎月5名様に**オリジナル賞品をプレゼント！**
◆ **メールアドレスをご記入いただいた方には、**新刊情報やイベント情報のメールマガジンをお届けいたします。

フリガナ お名前	男 女	西暦　　年　月　日生　歳
E-mail　　@		
ご住所　（〒　　ー　　） 都道 府県　市区 郡 電話　（　　）		
ご職業　1 会社員　2 公務員　3 自営業　4 経営者 5 専業主婦・主夫 6 学生（小・中・高・大・その他）7 パート・アルバイト　8 その他（　　）		
本書をどこで購入されましたか？　書店名：		
本書についてのご意見・ご感想をおきかせください ご意見ご感想は小社のWebサイトからも送信いただけます。http://www.d21.co.jp/contact/personal ご感想を匿名で広告等に掲載させていただくことがございます。ご了承ください。 なお、いただいた情報が上記の小社の目的以外に使用されることはありません。		

このハガキで小社の書籍をご注文いただけます。
・**個人の方**：ご注文頂いた書籍は、ブックサービス（株）より2週間前後でお届けいたします。
代金は**「税込価格＋手数料」**をお届けの際にお支払いください。
（手数料は、税込価格が合計で１５００円未満の場合は530円 、以上の場合は２３０円です）
・**法人の方**：30冊以上で特別割引をご用意しております。お電話でお問い合わせください。

◇**ご注文**はこちらにお願いします◇

ご注文の書籍名	本体価格	冊数

電話：03-3237-8321　FAX：03-3237-8323　URL：http://www.d21.co.jp

急成長するコストコの仕組み

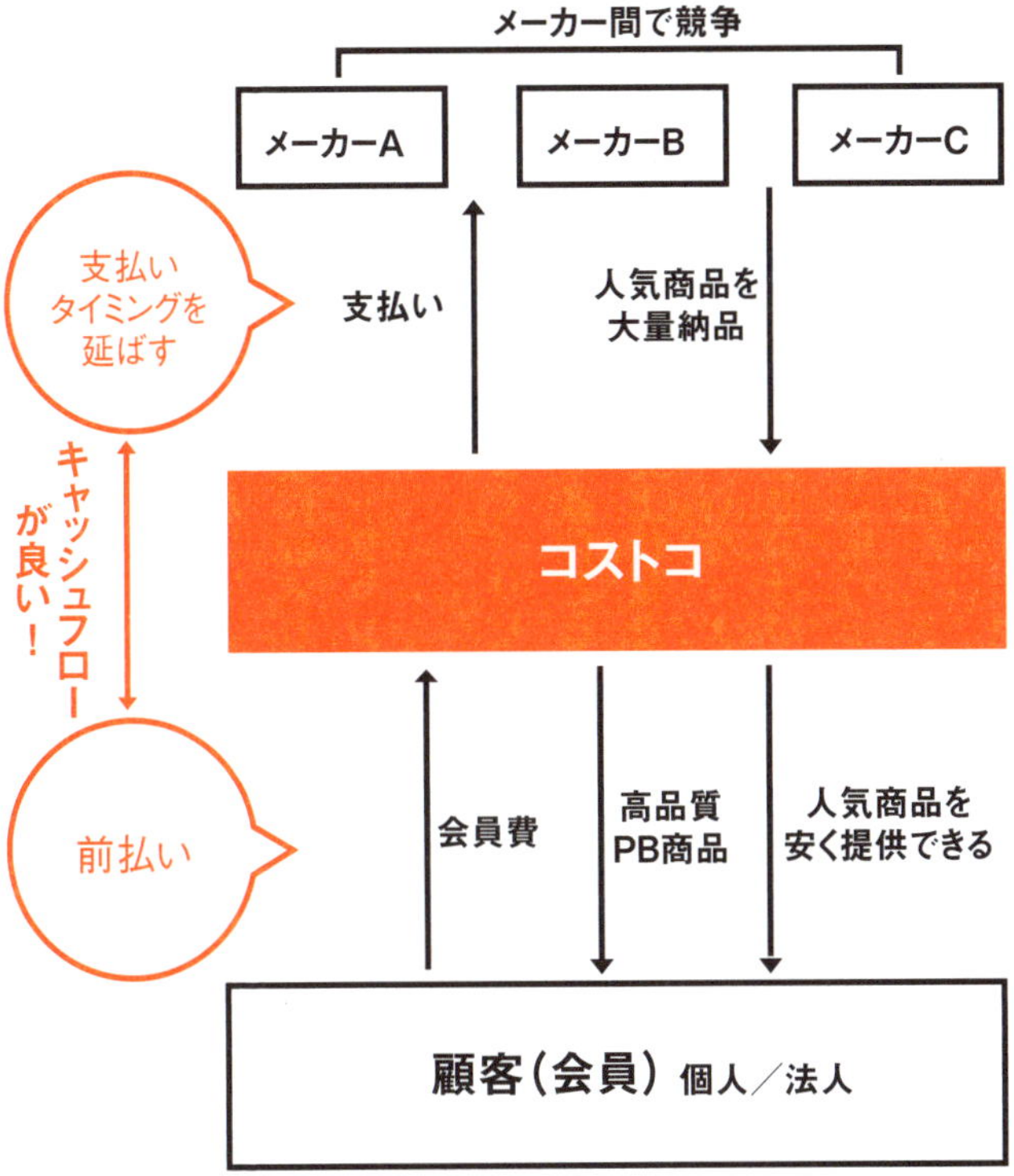

1. 段ボールのままの陳列のためオペレーションコストが低い
2. 人気商品の大量仕入れをすることによって、仕入れ値を抑える
3. プライベートブランド商品（PB）が高品質
4. 業務用ユーザーも多く、リピーターが多い
5. 支払いサイト（支払い期限）の交渉力が強い

カ コストコは**品質の高いものを安く売る**ことができるんです。

ゆ どうやってるんですか？

カ 5つ挙げましょう。

①段ボールのままの陳列なので、売り場のオペレーションコストが低い

②人気商品に絞って大量に仕入れているので、仕入れ値を低く抑えられる

③パンなどのプライベートブランド商品（PB）の品質が高いためリピーターが多く利益率が高い

④業務用のユーザーも多く、リピート率が高い

⑤大量に商品を仕入れる条件として仕入れ先への支払いのタイミングを延ばす一方で、会員費や商品の売上代金を先に受け取れるために、資金繰りが楽

ゆ 会員制ビジネスっていいですよね。わたしもやりたいです。

カ 毎月会員費を取ることで、行かないと損するというリピート効果があります。お店側は来なくても会員費が取れる一方、お客さんが来たらモノが売れるのです。問屋さんを通さない直接販売ができるのはこうした会員制の仕組みがあるからです。

ゆ ほかにも会員制モデルありますか？

カ　そうですね、携帯電話のコンテンツの月額課金は月々300円でも、年間3600円。中には、会員であることすら忘れてしまう人もいるわけです。

ゆ　わたしも解約しようと思いつつ……。

カ　ほかにもスポーツクラブなども会費を払っているのに、来ない人が一定数いるので、経営という面からいえば、ジムは混まないが収入だけあるというメリットがあるのです。さらに、ブラックカードやリゾート会員権、ゴルフ会員権などの年会費数十万円以上のものもあります。これらはステータスを感じさせるなど、安さだけで勝負しない会員制ビジネスモデルです。

コストコのビジネスモデルを5つのポイントで考えてみましょう!

解答例

1 顧客	安く大量に買う人
2 顧客価値	人気商品を安く販売
3 経営資源	人気商品　低コスト
4 差別化	定額会員制
5 収益	販売益　会費

LESSON

12

ブランドマルチ展開モデル

事例

一粒で何度もおいしい!? ディズニーのブランドライセンス事業

ゆ はぁー、今週は疲れたから、夢の国に行きたいです。浦安にあるんですけど。

カ ディズニーランドですね。**ディズニー**は、成長を続けている大変な優良企業です。

ゆ ミッキーマウスとかくまのプーさんとか大好きです。

カ かつては映画などのコンテンツ制作が中心でしたが、マイケル・アイズナー氏が社長の際に、仕組みを変えたんです。

まず、映画制作で最も重要なのは**優れたストーリー**であることに着眼し、優秀なシナリオライターをたくさん雇いました。一方で、高額なギャラがかかる俳優などは使わずに、**旬を過ぎた俳優を起用することによってコストダウン**を図りました。

ディズニーのブランドマルチ展開

マイケル・アイズナー氏の改革

1. コンテンツの創造のみ→コンテンツの創造と配給

2. 家族向けエンターテインメントのパッケージ化

- ディズニー・ストアの展開
- ビデオの流通
- テレビ局の買収
- キャラクターグッズのライセンス事業
- テーマパークの事業拡大（ホテル、ゴルフ場、研修施設など）

ディズニーのマルチビジネス展開

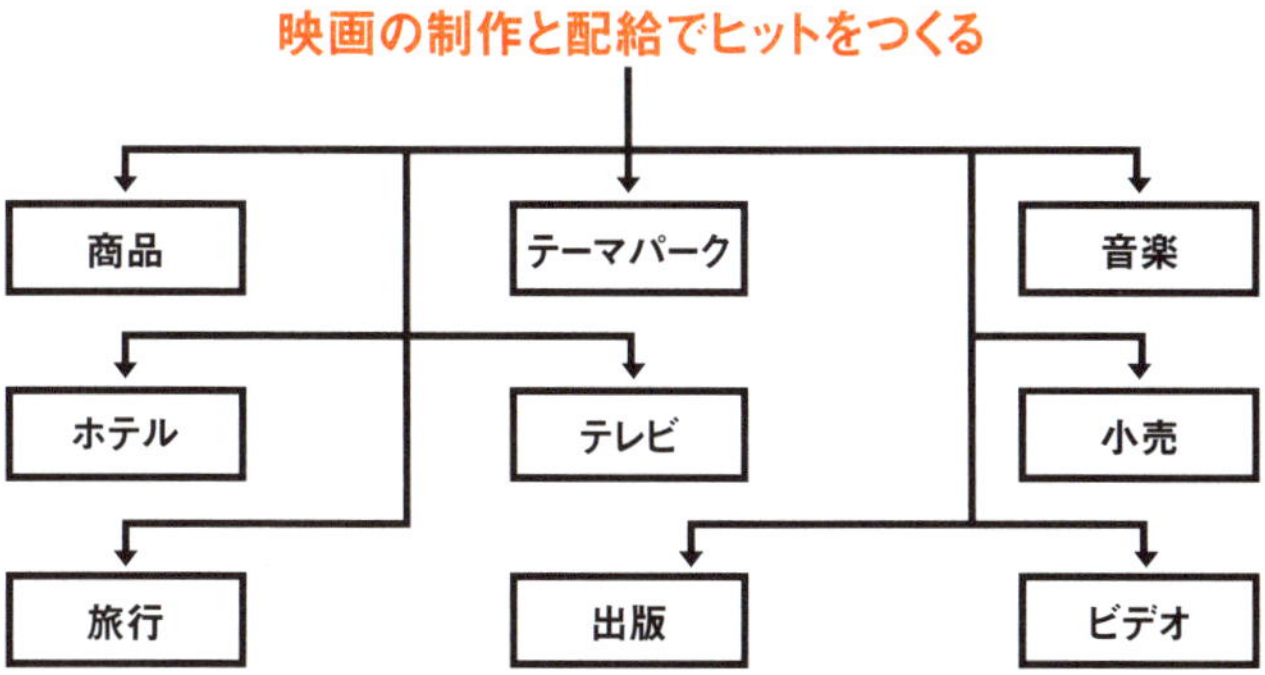

（出典：『プロフィット・ゾーン経営戦略』p.221「図表10-4ディズニーにおけるビジネス・デザインのリインベンション①」より作成）

そして、映画を**ビデオ化**することによってコンテンツの二次利用を開始しました。今では普通ですね。

また、**人気キャラクターのグッズのライセンス事業**を行い、ライセンス収入も得られるようになりました。

さらに、**テレビ局を買収**しアニメ番組を放映したり、キャラクターグッズを販売する**直営店のディズニーストア**を全米に展開。直接消費者の目に触れるような**チャネルを構築**したのです。

ゆ ディズニーランドも世界中に広がっていますよね。

カ ディズニーランドに行ったら、何にお金を使いますか?

ゆ わたしはホテルもディズニーがいいし、レストランもポップコーンもお土産も全部買っちゃいます!

カ アイズナー氏は、来場者が**何にお金を使っているかを細かく分析**しました。その結果、それまでディズニーランドの外で利用していたホテルやゴルフ場、さらには結婚式場、研修施設まで事業を多角化させ、ブランドマルチ展開型を築きました。

コンテンツ力のみならず、消費者に直接届ける仕組みをつくり、顧客の消費行動

に合わせた事業に進出して成功しているのです。

ゆ　お客さんの行動をよく分析しているんですね。

カ　日本にも、世界で人気のキャラクターはアニメを中心にたくさんあるので、収益の多角化の可能性は大いにあると思います。現在は個別にヒットしている状況ですが、**戦略的に常にヒットが出て消費者に届けられる仕組み**を日本政府も企業も考えていく必要があるでしょう。

ゆ　わたしも世界的なキャラクターになってゆるビジ子ランドをつくりたいです!!

ディズニーのビジネスモデルを5つのポイントで考えてみましょう!

解答例

1 顧客	ディズニーが好きな人
2 顧客価値	夢の国のようなエンターテインメント
3 経営資源	コンテンツ　チャネル
4 差別化	**コンテンツの多展開**
5 収益	販売益　ライセンス料　入場料　ホテル代

Column

銀行は将来不要になる？フィンテックの衝撃

フィンテックとは、「Finance（金融）」と「Technology（技術）」を融合させた造語です。

具体的には、**スマホを使った「安い・早い・簡単」な金融サービス**を差します。

とりわけ決済ビジネスにおいてはすでに多数のベンチャー企業が登場してきており、上場もしています。たとえば、複数のクレジットカードやポイントカードなどを専用のカード型デバイスで1枚に集約できるもの（コイン、プラスチック）、スマホに専用のデバイスを取り付けることでPOSレジ化するもの（スクエア、コイニー、ペイパルなど）などがその代表例です。

為替に関しては、スマホのアプリ、あるいはメールやチャットで個人間の送金を安価または無料で行えるものが人気です（エムペサなど）。

海外送金も、ビットコインなどほぼ無料で行えるものなどが登場しています。

資金調達の分野では、審査が厳しく時間もかかる銀行借入やベンチャーキャピタルからの投資に代わって、企業が個人から少額の資金を集めることができるクラウドファンディングが普及しつつあります（オンデック、キックスターターなど）。

さらにスマホの家計簿アプリからその家庭のキャッシュフローの状況を把握し、どのように資産運用するべきかを人工知能（ＡＩ）

を使ってアドバイスする企業も数多く登場しています。

融資の審査手法も、銀行では膨大な資料を精査して行ってきましたが、フィンテック企業による審査では、会計ソフトのデータ、SNS上でのやり取りや評判、eコマースサイトにおける売上推移などのビッグデータを基に行っている点が特徴的です。日本でもマネーフォワード、freee、マネーツリーなどが実績をあげてきています。

ECプラットフォームであるアマゾンも、出店企業向けのスモールビジネスローンをはじめています。**今後eコマース企業は、こうしたローンや売掛金の売買などの金融業務に進出していく**でしょう。さらにはお金という概念を変えてしまうようなビットコインなどの暗号通貨や仮想通貨と呼ばれるものまで登場しています。

そしてそれら通貨の技術的基盤方式であるブロックチェーンの他分野への応用サービス（ビットコイン2・0）まで、まさにあらゆるお金に関する事業が革命的に変化しつつあるのです。一方でそうした新しいサービスには利用者側にもリスク管理が要求されてきています。

ほかにも心拍数や歩数などの健康関連の数値測定アプリと保険を組み合わせたもの（オ

スカー）、個人ごとのクルマの運転走行態度によって保険料が変わる保険、セキュリティ関連のベンチャーも数多く登場しています。こうした成功企業の特徴のひとつは、「安い・早い・簡単」なサービスを実現していることと、人々の行動を大きく変えない点でしょう。

スマホをPOSレジ化するスクエアのサービスが普及し、アメリカで上場を果たしたのも、顧客側の行動が「自身のクレジットカードを店舗で提示する」という従来のままだったことが大きいのです。

今まで行ってきた行動パターンを少しだけ便利にする、安価にする、簡単にする、そんなサービスが今、求められているのです。

PART5
顧客に注目したビジネスモデル

LESSON

13 ソリューションモデル

事例1

もはやメーカーではない。時代に合わせてビジネスモデルを変えたIBMとGE

カ　IBMって何で儲けているか知っていますか？

ゆ　えーと、一時期経営難でしたよね。パソコン部門は売っちゃったんでしたっけ？

カ　そうです。以前はIBMといえば、パソコン製造メーカーでしたね。今は、システムなどのコンサルティング部門とソフトウェア開発の会社になっています。BRICSなどの新興国からの売上が約6割を占め、企業の様々な事業のアウトソーシングを中心に成長しています。

ゆ　メーカーだったのに、全然違う会社になったのですね。

カ　パソコンのようにコモディティ化（解説は192ページ）してしまうと、価格

メーカーからソリューション型ビジネスへ転換したIBM・GE

1. ソリューション型とは？

顧客が困っている不便さやニーズに注目し、それを解決する商品やサービスを提供するビジネスモデル

2. メーカーからソリューションへ

	事業内容	変化
従来	モノをつくって売る（PCなど）	途上国製の競合のPCにコスト面などで対抗できなくなった
現在	顧客の問題解決（ソリューション）を売る	周辺機器、アフターサービス、教育、ネットワーク、ファイナンスなどをパッケージ化

PC購入

・周辺機器
・社員の教育
・ネットワークの整備、など

➡ IBM、GEが一括で請け負う

だけの競争になってしまい、途上国の企業など人件費が安い国の企業が有利になってしまったんです。

ゆ アップルのｉＰｈｏｎｅだって台湾でつくってますよね。

カ そうなんです。台湾の**鴻海**《ホンハイ》という会社は、世界最大のＥＭＳ（Electronics Manufacturing Service）と呼ばれ、様々な電機メーカーから、製品の生産を請け負い、中国やベトナムでの大量生産によって低コストを実現しています。

ゆ 日本の電機メーカーは大赤字ですもんね。

カ アメリカのＩＢＭやＧＥなどのかつての巨大メーカーは、**顧客の問題を解決する事業（ソリューションビジネス）**にシフトすることで成功しました。

ＧＥ（General Electric）は、航空機のエンジンから金融業まで多種多様な事業を展開する世界最大級の複合企業ですが、顧客ソリューション型で成長を続けています。

ゆ 具体的には、どういうビジネスですか？

カ たとえば、パソコンの企業向け販売です。

パソコンを買うだけならば、メーカーから直接購入した方が安いのですが、実は、パソコン導入の際は、周辺機器・アフターサービス、教育、ネットワーク管理、購入のための借入など、様々な付随的なコストがかかります。これらが約8割といわれているほどです。

IBMやGEは、これらの付随的な作業を一括して引き受けることによって、顧客の問題を解決しているのです。

(ゆ) なるほど。ソリューションビジネスは先進国のメーカーの新たなビジネスモデルになるかもしれませんね。

(カ) そうですね。新興国市場の開拓を含めて日本のメーカーのお手本になる事例でしょう。

IBM・GEのビジネスモデルを5つのポイントで考えてみましょう!

解答例

1 顧客	先進国の企業
2 顧客価値	面倒なサービスのワンストップでの解決
3 経営資源	システムノウハウ
4 差別化	パッケージする力　ブランド
5 収益	サービス提供料金

ソリューションモデル

事例2

「めんどうだなぁ」に注目！手間を省いてあげて急成長したアスクル

カ 会社の備品などの文房具を買うときはどうしてますか？

ゆ アスクルで買ってます。

カ 便利みたいですね。

ゆ 今日注文したら明日届きます。だって、「明日来る《あすく》」ですもん。

カ 今やすっかりオフィスに浸透したアスクルは、顧客の「めんどうだなぁ」を解決するところから始まった**「ソリューション型」**ビジネスモデルなんです。

ゆ めんどう？

カ 日本には150万以上の会社がありますが、99％以上が中小企業です。昔はボー

顧客の手間を省いて急成長したアスクル

従来

会社で文具を購入する

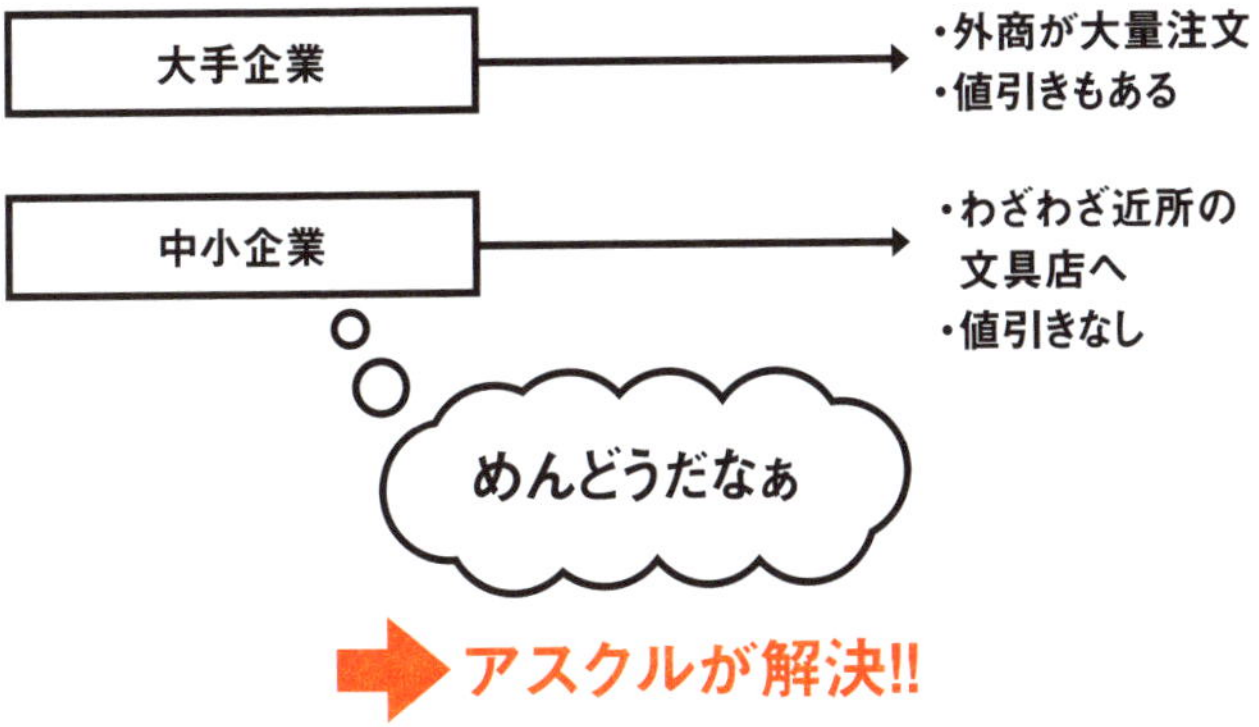

アスクルの仕組み

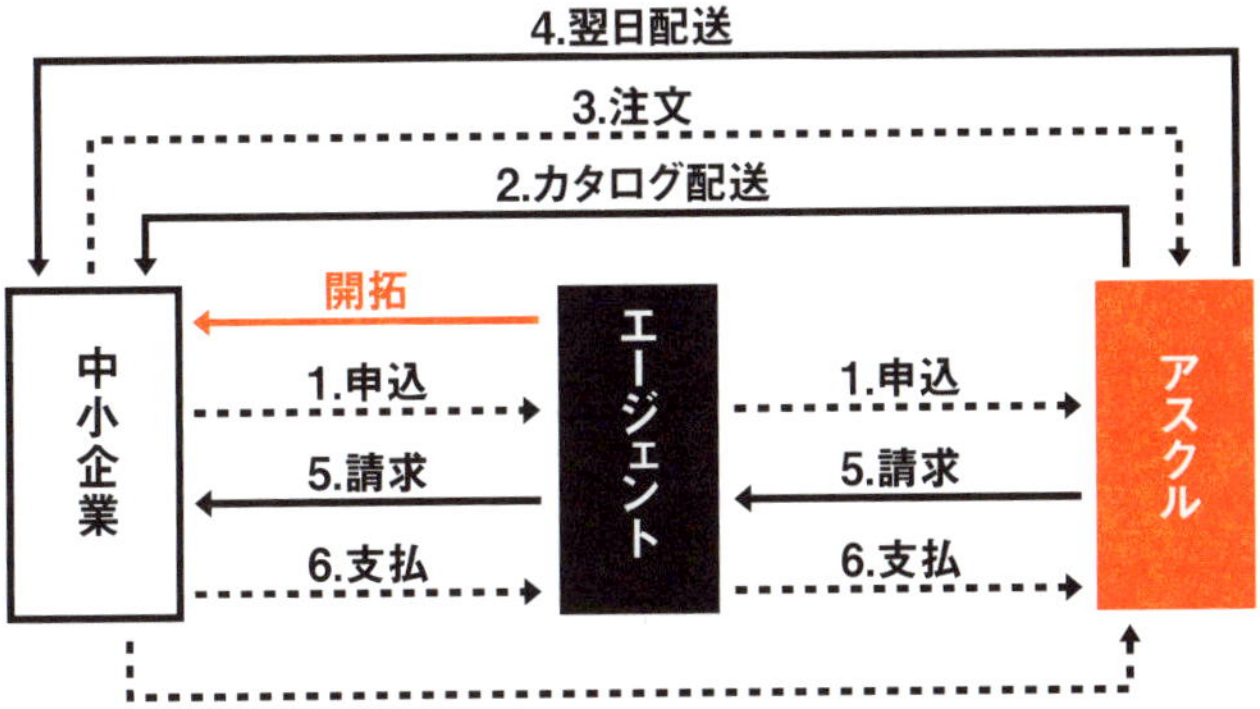

エージェントは、ユーザーの開拓や登録代行、資金回収などを行う

ルペン1本買うのにも、庶務の人が近所の文房具店まで買いに行ってたんですよ。

ゆ　えー、そんなの時間のムダですよね。

カ　そうなんです。大企業の場合には、外商が来て大量に注文できるのでよいのですが、中小企業の場合には、そういった仕組みがなかったんです。

わざわざ買いに行かなければならない上に、値引きもなし。その不便さにビジネスチャンスを見出したのがアスクルなんです。

アスクルは文具業界2位のプラスの新規事業として１９９３年にスタートし、１９９７年に独立。売上は10年で２０００億円に迫るまでに急成長しました。

当時は、業界1位のコクヨが圧倒的に強く、プラスは新商品を発売しても流通網がないので、売上が伸びない状態でした。

ゆ　そんな中で、どうやってアスクルは法人販売に入り込んだんですか？

カ　ユーザー（中小企業）との間に各地域の中規模の文具店をエージェントとして挟む仕組みをつくりました。彼らは、新規顧客の開拓、債権管理、代金の回収の責任を負い、マージンを得ます。カタログをどこに配るかも彼らの判断に任されます。

一方、アスクルは、最新のＩＴ投資やコールセンターを完備し、顧客との直接コミュニケーションを強化しました。他社製品も含めて迅速に顧客に届ける仕組みを構築したのです。

(ゆ)お客さんとの接点は重要なのですね！

(カ)アスクルは、今では文具だけではなく、お茶なども含めた、会社で必要な様々なものが掲載されたカタログ販売として成功しています。

(ゆ)はい、めちゃ便利です。

(カ)単に**商品を売るビジネスモデルから、顧客の不平不満を解決する、問題解決型（ソリューション型）のビジネスモデルに転換**したことが成功の要因といえます。

アスクルのビジネスモデルを５つのポイントで考えてみましょう！

解答例

1 顧客	中小企業の総務庶務の担当者
2 顧客価値	オフィス用品の翌日配達　割引
3 経営資源	街の文具店の組織化　ネット販売　コールセンター等の顧客対応
4 差別化	中小企業向け
5 収益	販売益

ソリューションモデル

事例3

マブチモーターは、なぜ下請けから脱却し、世界一になったのか？

㋕**マブチモーター**という世界一のシェアを持っている会社、聞いたことありますか？

ゆおもちゃに入っているモーターでしたっけ？

㋕そうです。マブチモーターがすごいのは、お客さんのニーズの**最大公約数の型に絞り込むことによって、少品種大量生産**を実現することに成功したからなんです。

ゆえ、どういうことですか？

㋕モーターのような部品は、「こんなモーターをつくってください」という玩具メーカーのオーダーがあり、一つ一つ個別仕様だったため、創業当初、マブチモーター

自社の強みをとことん活かしたマブチモーター

従来

玩具メーカー

企画して注文 →

← 注文通り個別に製作

マブチモーター

- クリスマス前に受注が集中するなど、季節変動が激しい
- 個別生産なのでコスト高
- 品質の低下
- 不良品の増大

（玩具メーカー）より安くて品質の良いモーターを使いたい

ソリューション

玩具メーカー

← 高品質・低コストのモーターを「逆」提案

提案のモーターを使用した玩具を注文 →

マブチモーター

少品種大量生産により

- 低コスト
- 高品質
- 生産効率UP
- 不良品の減少

低コスト化 / 差別化 / 集中
（ポーター教授の3つの戦略）

→ 小型モーターに特化し、世界シェアの半分以上を占めるように！

はコスト高に陥ってしまっていたのです。しかも、玩具はクリスマスのような特定の時期に大量につくられるなど季節変動が大きい産業であるため、モーター生産数量が急増するにつれて、価格や品質に問題が生じました。

ゆ そうですよね、下請けってやっぱり大変ですよね。

カ これらの問題を解決するために、マブチモーターは**顧客に逆提案**したんです。「この形のモーターでいかがでしょうか？　その代わり、大量生産でコストが下がりますよ」と。

ゆ え、普通はお客さんのニーズに応えるのが鉄則なんじゃないんですか？

カ そこがマブチが世界一になった理由だと思います。お客さんは、自分の欲しい型であると同時に高品質でかつ安いものを仕入れたいというニーズがあるはずだと考えたんですね。

　こうして、マブチモーターは、**高品質かつ低価格を実現するために、標準化というビジネスモデルを生み出し、単なる下請けから脱却**することに成功したのです。

　今でも、80種類程度の品数に絞り、かつ小型モーターという特殊な分野に経営資源を集中させています。それによって、生産効率も上がり、不良品などの率も低く抑えることができるのです。

ゆ　LCCが飛行機の機種を絞ることによって効率的なオペレーションを実現したのと似ていますね。

カ　そうですね、自社の強みを徹底的に活かして顧客の課題に注目していけば、世界一になることもできるという事例です。

ハーバードビジネススクールの**マイケル・ポーター**教授は企業の戦略は3つしかないといっています。大量生産などによる**低コスト化**、強みに特化した**差別化**、それぞれを特定地域などに**集中**する、この3つを常に頭に入れておいてくださいね。

マブチモーターのビジネスモデルを5つのポイントで考えてみましょう！

解答例

1 顧客	モーターを利用する企業
2 顧客価値	高品質低価格の顧客からの最大公約数を満たしたモーター
3 経営資源	高度な技術力　高品質低価格なモーター
4 差別化	小型モーターに特化
5 収益	販売益

ソリューションモデル

事例4

「生産財のセブンイレブン」ミスミは、なぜ最高益を更新し続けているのか？

カ　「生産財のセブンイレブン」っていわれているミスミという会社を知っていますか？

ゆ　知ってまーす。って嘘です（笑）。知りません。

カ　ミスミは金型用部品をカタログで販売している商社で、**「購買代理店」**という新しいビジネスモデルの会社です。金型用部品とは、たとえばプラスチックに穴をあけて製品をつくるような機械を金型といい、その機械のための部品のことです。

ゆ　販売代理店なら知っていますが、購買代理店って？

カ　販売代理店は、メーカーの商品を販売する役割を担っています。一方、**購買代**

円高不況でも最高益を更新するミスミ

従来

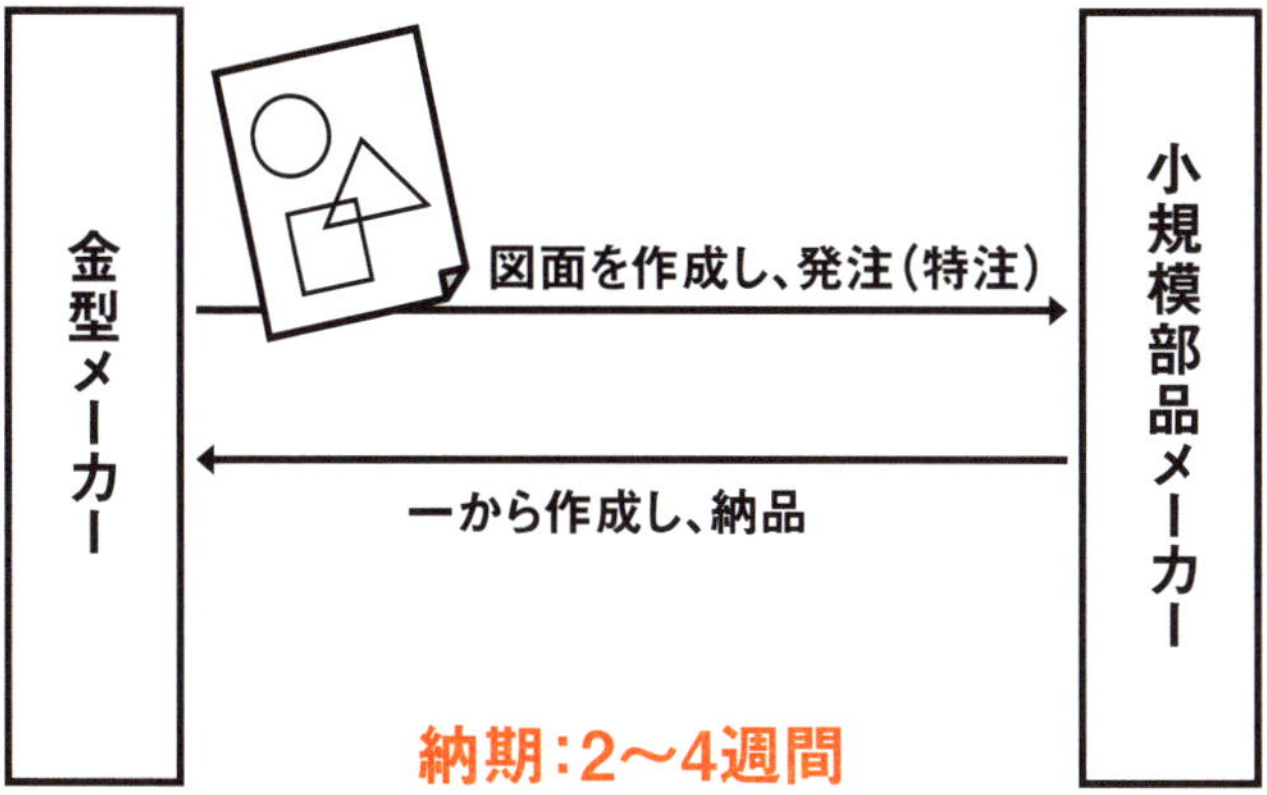

ミスミの部品調達

理店とは、顧客が求めているものを顧客に代わって調達し供給するという役割で、一種のソリューション型ですね。

(ゆ)顧客が求める商品に全部対応していると、ものすごい種類の数になりませんか？

(カ)それを部品の標準化を行うことで解決したのです。

(ゆ)マブチモーター（126ページ）と一緒ですか？

(カ)おお、さすがですね。ただ、マブチモーターはメーカーでしたが、ミスミは基本は商社なので、協力メーカーと組んで、標準品を簡単にカスタマイズできる仕組みをつくったのです。

　通常、こういった部品商社は顧客からの注文を受けてから特注で製造したものを扱うので、納期が2～4週間かかります。ミスミは、**ハーフメイド方式**という標準品をつくり、注文から1～3日での出荷を可能にしたのです。

(ゆ)すぐに欲しいものが買えるという意味で「生産財のセブンイレブン」なんですね。

(カ)ハーフメイド方式というのは、顧客から注文が入る前にあらかじめ途中まで組み立てた半製品を協力メーカーが用意しておいて、注文が入った段階で顧客の要望通りに最終加工を行い完成品にする生産方式です。

ゆ それなら、たくさん在庫を持たなくても大丈夫ですね。

カ ミスミは、円高不況にもかかわらず、最高益を更新しています。

ゆ 日本のメーカーはどこも大赤字なのになぜですか？

カ 1つは、国内におけるコスト削減。もう1つは、アジアを中心とした海外でのカタログ販売比率を約3割まで増やしたことです。

ゆ 海外も人件費が上がっていて工場も大変と聞きますが……。

カ 実は人件費が上がると、オートメーション化が進むので、ますます金型製品の需要が上がっていくのですよ。

ミスミのビジネスモデルを5つのポイントで考えてみましょう！

解答例

1 顧客	金型メーカー
2 顧客価値	安くて早い標準化された商品
3 経営資源	協力メーカー　カタログ販売
4 差別化	ハーフメイド方式
5 収益	販売手数料　売上収益

ソリューションモデル

事例5

ブームの周辺に商機あり！リーバイスが成功した理由

㋕**ゴールドラッシュ**って聞いたことありますか？

ゆ中学のとき、英語の教科書で読みましたよ。アメリカ西海岸で金が見つかって、みんなが採りに殺到したんですよね。

㋕そうです。1848年に砂金が発見され、アメリカ西部がメキシコからアメリカに割譲されたことから、金鉱脈目当てに世界中から人が集まったんです。特に、1849年に急増したことから、彼らのことを49ｅｒと呼びました。

ゆ今のアメリカンフットボールのサンフランシスコ49ｅｒｓは、ここからきているんですね。

カ　ゴールドラッシュでいちばん大儲けしたのは誰だと思いますか？

ゆ　金を発見した人？

カ　残念ながら、ほとんどの人は金を見つけることができなかったんです。金鉱脈を掘りに20万人以上の人が来たといわれていますが、実は彼らの悩みは、履いているズボンがすぐに破けてしまうということだったんです。

ゆ　洋服屋さんが儲かったってことですか？

カ　その通り！　今も人気ブランドのリーバイスが現在のジーンズの原型となるデニム素材のズボンを発明し、販売したのです。これが金を掘りに来る人たち

ブームに集まる人のニーズを解決したリーバイス

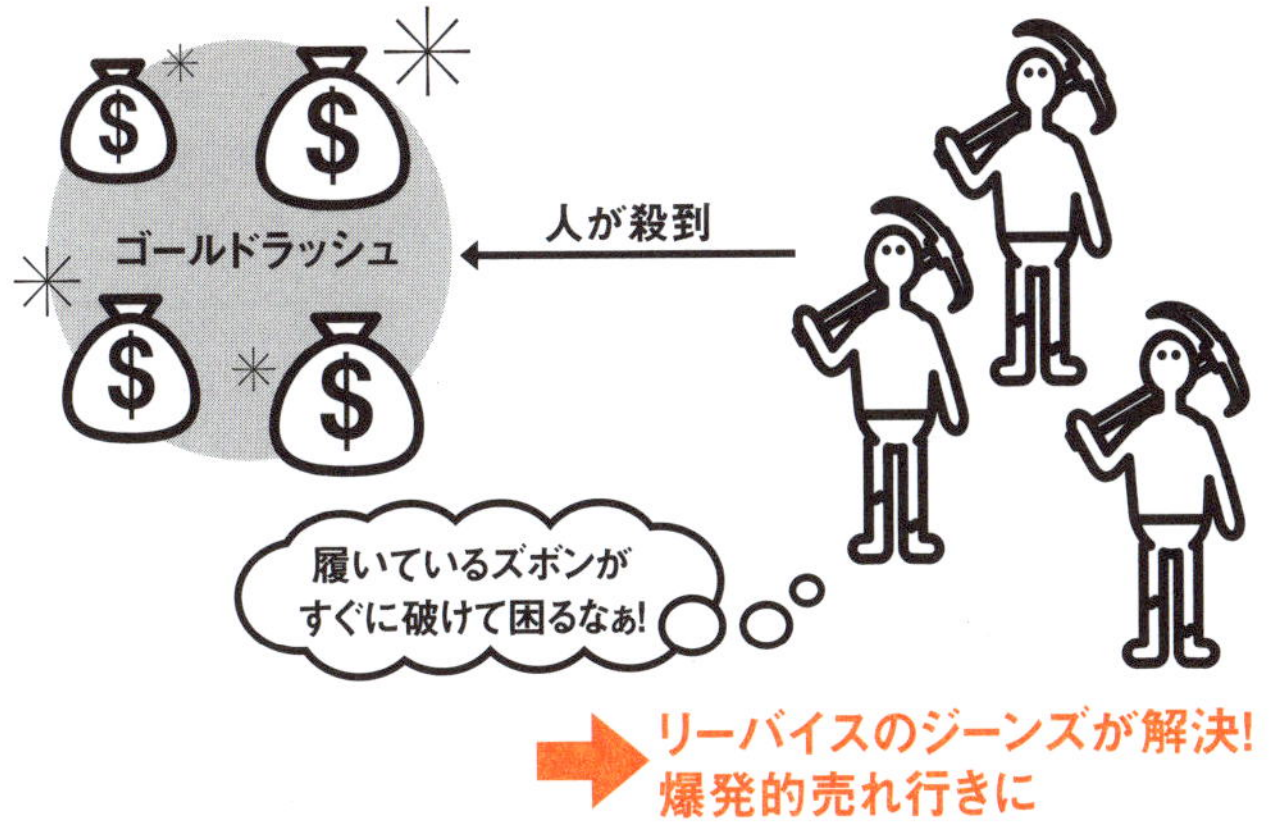

に爆発的に売れました。

ゆ ゴールドラッシュで儲かったのは、ジーンズ屋さんだったんですね。面白い！

カ 何かのブームが起きたときに、そのブームに殺到する人や会社を助けるビジネスが意外と最もリスクが低く、儲かる場合が多々あるのです。

ゆ 今なら、スマホとかソーシャルメディアとかでしょうか？

カ そうですね。ソーシャルメディアの使い方講座が大盛況のようですね。

ゆ よし！　私も何か考えてみよ！　でも、ブームだからレッド・オーシャンになりませんか？

ブームにいち早く気づき、困っていること、必要としているモノを提供する

ビジネス街として急速に発展した町
↓
ランチを食べるお店がない
↓
仕出し弁当
ワゴン販売

住宅地が急速に造成された町
↓
車を給油するところが少ない
↓
ガソリンスタンド

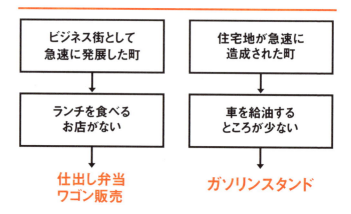

(カ)そうですね、まさにゴールドラッシュのようにほんの一部の人しか成功できない場合が多いですが、**ブームにいち早く気づき、彼らが困っていたり、必要としているモノを提供するサービス**にはビジネスチャンスがあります。たとえば、ビジネス街として急速に発展した町などでは、昼食難民が出ますので、仕出し弁当屋さんが儲かったり、住宅地が急速に造成された場合にはガソリンスタンドが儲かったりするのと同様です。

(ゆ)**ブームのときはブームの周辺にビジネスチャンスがある**ということですね。

(カ)その通り！

リーバイスのビジネスモデルを５つのポイントで考えてみましょう！

解答例

1 顧客	当初はゴールドラッシュで金鉱脈を掘りにくる人
2 顧客価値	破れにくい素材のズボン
3 経営資源	破れにくいデニム素材
4 差別化	ブームに乗らず周辺サポート
5 収益	販売益

LESSON

14

BOPモデル

事例

40億人の市場に注目！最貧国でもモノが売れ、社会に貢献するユニリーバ

カ **BOP（ビーオーピー）**という言葉を聞いたことがありますか？

ゆ え、何ですかそれ？

カ BOPは、**Base Of the Pyramid**の略で、社会的にとても貧しい人たち（貧困層）のことを意味しています。そのほとんどがアフリカ諸国やインド、バングラデシュなど南アジアに住んでいて、世界で約40億人もいるといわれています。

ゆ 世界の人口が約70億人だから半分以上が貧困層なんですね。

カ いま、BOPが1つのマーケットとして注目されはじめています。

理由としては、**①対象人数が多いこと、②単価は低いけれど、利益率が高いこと、**

③将来、彼らの所得が高くなったときのことを見据えた企業ブランドの浸透などが挙げられます。

カ もし、インドの貧しい農村の人にせっけんなどの日用品を売るとしたら、どうしますか？

ゆ えー、安くする？

カ なるほど。でも、安くすると儲からないですよね？　実は、儲かる仕組みをつくり、同時に貧困層の収入を増やすという社会貢献にも成功しているビジネスモデルがあるんです。

ゆ すごいですね！

カ それは、**ユニリーバ**という日用品の世界的大手企業のインド法人であるヒン

BOPとは

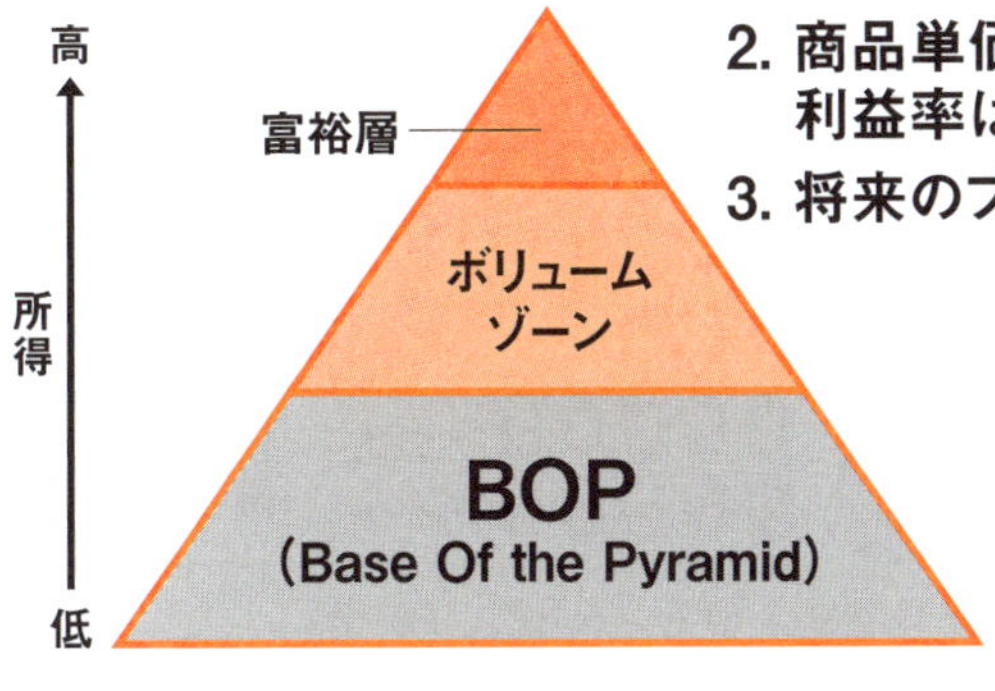

注目のBOPマーケット

1. 40億人の巨大市場
2. 商品単価は低いが、利益率は高い
3. 将来のブランド浸透

ドスタン・ユニリーバがやっているシャクティ・プロジェクトです。

ゆ シャクティって?

カ シャクティとは、農村部の女性たちを教育し、商品のことなども教えて販売員として育成する仕組みのことなんです。たとえば、私たちが使っているボディソープのようなものは高額で、彼らはとても買うことはできません。

でも、それをシャクティの女性たちが1回使いきりの量に小分けにすると、わずか数円で販売することが可能になります。貧困層の人たちにもせっけんで手を洗うという健康を促進する社会貢献にもつながっているのです。

ヒンドスタン・ユニリーバのBOPビジネス

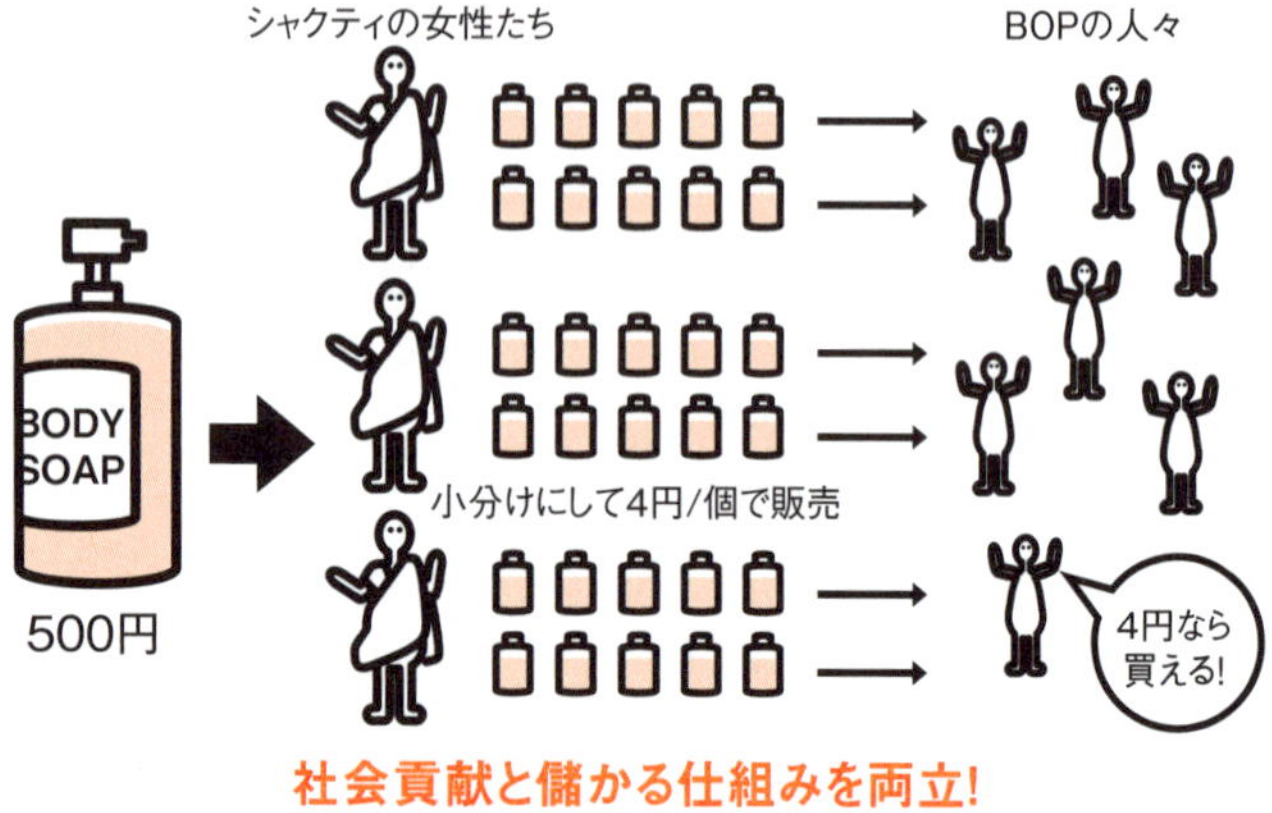

社会貢献と儲かる仕組みを両立!

シャクティの女性たちも、仕事を得て収入を得て、経済的な自立が可能になってきたのです。

ゆ す、すばらしいわ（涙）。

カ 2006年に貧困層の経済的・社会的基盤の構築に貢献したとしてノーベル平和賞を受賞したバングラデシュの**グラミン銀行**も、BOPビジネスの先駆けといわれています。

これからはBOPの層が新たなマーケットになるだろうと予測され、多くの欧米企業が参入を開始しています。

ゆ 日本もがんばってほしいわ。

ヒンドスタン・ユニリーバのビジネスモデルを5つのポイントで考えてみましょう!

解答例

1 顧客	最貧国の貧困層BOP
2 顧客価値	先進国での商品を小分けにして提供
3 経営資源	シャクティの教育・販売網化
4 差別化	社会貢献と収益化の両立　ブランド浸透
5 収益	販売益

俺が育てる！　俺が勝たせる！ ミリオンヒット連発のAKB48

ミリオンヒットを連発し、社会現象にもなっているアイドルグループＡＫＢ48は、2005年、秋元康氏プロデュースにより**「会いに行けるアイドル」**をコンセプトにスタートしました。

これほどのヒットコンテンツとなった要因は、「ＡＫＢは、アーティストを開発しているのではなく、**ビジネスモデルを開発した**（秋元氏）」点にあるといえます。

結成当初は、秋葉原にＡＫＢの小劇場をつくり、そこでファンとの直接交流（握手会など）から始めました。はじめはファンも少なく「秋葉原のオタク向けのアイドル」という扱いでしたが、徐々にファンがＡＫＢのメンバーを育てたいという気持ちになっていきます。

さらに、**選抜総選挙**というイベントを企画し、メンバーの得票数に応じて、ランキングして次のシングルを歌えるメンバーを一般投票で決めさせるという仕組みを導入しました。

この投票用紙は、1枚のＣＤに1枚入っており、応援したいアイドルが上位に入れるように、同じＣＤを多い人では200枚以上買っているそうです。

また中間発表で順位が分かると、自分の応援しているメンバー（推しメン）の順位を上げるためにさらに買ってしまうのです。

その他にも、同じシングルタイトルで様々なパターンのCDを発売したり、CD購入特典にランダムにメンバーの生写真を入れたり、握手会への参加権をつけたりしています。この他にもダウンロードの回数に応じた特典もあります。

名古屋や大阪、博多など地方でも同様のグループを立ち上げて、海外展開も始めています。

このようにAKB48は、AKBの**メンバー同士を競争させ、さらにその各メンバーのファン同士も推しメンを上位にしようと競争する**ことで、この不況下かつデジタル化の流れで売上が下がっている音楽業界において異例ともいえる売上を記録しているのです。一方で、投票用紙や握手券だけが欲しいファンは多くのCDを廃棄したり、他のメンバーをネット上で攻撃し批判の対象ともなっている点は注意が必要でしょう。

アメリカでも「アメリカンアイドル」という人気オーディション番組があります。視聴者は、自分が応援したい出演者に電話やメールで投票しますが、毎回少しずつ脱落者が出て最後に残った人がアメリカンアイドルとしてデビューする仕組みです。

ここでも、出身の州や町ぐるみで投票を呼びかけるなど、「アイドルを育てる」というモデルは同じです。

このように、**ファン自身がアイドルを育てているという感覚と、ファン同士を競わせるという2つの要素を組み合わせた**のが、AKB48の成功の要因です。

Column

IoT とインダストリー 4.0

ＩoＴ（Internet of Things）とは、「モノのインターネット」と呼ばれ、あらゆるモノ（機械等）にセンサーが組み込まれ、インターネットに繋がりネットワーク化された状態を意味します。今、**このＩoＴが世界の産業、とりわけ製造業のビジネスモデルを劇的に変化させています。**

たとえば、工場の機械に組み込まれたセンサーからは、稼働時間、故障した部品や故障の予兆などの情報をリアルタイムに収集することができます。故障時に即時に対応、あるいは故障を予測すれば、生産性の向上が可能になります。他にも、電力・ガスのメーターは、検針員がわざわざ訪問しなくても、自動的に収集、蓄積された使用量のデータから、効率的な配分や価格設定が可能になってきています。

これらの動きはまずドイツとアメリカにおいて起こりました。

ドイツ政府が製造業のイノベーション政策として主導する国家プロジェクトが『インダストリー4・0』（第4次産業革命）です。

これは、第一次産業革命を18世紀の蒸気機関等による工場の機械化、第二次産業革命を19世紀からの電力の活用による大量生産化、第三次産業革命を20世紀のコンピューター制御による自動化とし、ＩoＴをそれに続く第四の革命と位置づける考え方です。

ＩｏＴは、先進国における労働コストの安い発展途上国への工場移転問題をも解決します。すなわち生産工場の効率化を行い、最終的には国全体の工場のラインをひとつの工場のように効率化することで、先進国においても低コストで高品質なモノの製造を可能にしようとするものです。このような動きは、**スマートファクトリー**と呼ばれます。

一方、米国におけるＩｏＴの取り組みで注目されているのは、世界最大のコングロマリットであるゼネラル・エレクトリック（ＧＥ）社の**インダストリアル・インターネット（産業のインターネット）**です。

同社は、これを**「産業機器とビッグデータと人々を結びつけるオープンでグローバルなネットワークである」と定義**しています。あらゆる機器をインターネットに繋げることで、様々なデータを収集し、このデータを解析することで顧客に価値を提供するという考え方です。

たとえば、同社の航空機エンジンにセンサーをつけることにより、故障の可能性がある場合には、飛行機が着陸した直後に検査とメンテナンスを行えるようになります。つまり、メーカーである同社はかつてのように商品を売って終わりではありません。売った後も、顧客の情報を得ることでさらに製品の改善を行い、顧客満足度をあげるビジネスモデルに転換しているのです。

　そのためにはＩＴ技術が重要だとして、同社は１０００人以上のインターネット技術者を採用してシリコンバレーに研究所を設立しました。製造業は、もはやＩＴと一体化しつつあるのです。

　日本でも建設機械大手コマツが「KOMTRAX」というＧＰＳやセンサーを建設機械のエンジンなどに搭載し、リアルタイムの情報を集めて、その位置情報、稼働中か休止中か、燃料の残量はあるかなど、さまざまな情報がわかる仕組みを構築しました。

今後ますます製造業のビジネスモデルはＩＴによって変化していくことでしょう。

PART6

競合に注目したビジネスモデル

LESSON

15

ブルー・オーシャン戦略

ブルー・オーシャン戦略とは

『ブルー・オーシャン戦略』（ランダムハウス講談社）はフランスのビジネススクールであるＩＮＳＥＡＤの教授、Ｗ・チャン・キムとレネ・モボルニュが提唱した戦略です。

この戦略は、「ライバル他社との競争に勝ち抜く」のではなく、**「ライバルがいない、競争のない未知の市場を創造する」**ことをめざすものです。

ブルー・オーシャン戦略では、まず**「戦略キャンパス」**を用いて、市場の分析をします。

レッド・オーシャンとブルー・オーシャン

レッド・オーシャン戦略	ブルー・オーシャン戦略
既存の市場空間で競争する	競争のない市場空間を切り開く
競合相手を打ち負かす	競争を無意味なものにする
既存の需要を引き寄せる	新しい需要を掘り起こす
価値とコストのあいだにトレードオフの関係が生まれる	価値を高めながらコストを押し下げる
差別化、低コスト、どちらかの戦略を選んで、企業活動すべてをそれに合わせる	差別化と低コストをともに追求し、その目的のためにすべての企業活動を推進する

（出典：『ブルー・オーシャン戦略』p.38「図表 1-3 戦略の比較：レッド・オーシャン VS. ブルー・オーシャン」より作成）

戦略キャンパスとは、左ページ下図の、グラフのようなツールです。横軸は「業界各社が、客を掴むために力を入れていること」、縦軸は「客が得られる価値の度合い」を表します。

このグラフを、「自社」「業界標準」「競合相手」のパターンでつくるのです。すると、業界や自社が置かれている状況が、一目で分かります。

グラフの曲線は、**「価値曲線」**と呼びます。この曲線を元に、いかに他社と重複しない価値曲線をつくるかを考えていくわけです。

他社と異なる価値曲線をつくるには、単純に「業界標準や他社の価値曲線を見ながら、業界各社が見逃している点に、力を入れる」という方法が考えられます。しかし、「見逃している点がない」という結論に達することも多いでしょう。

そこで、ブルー・オーシャン戦略では、「既存の市場を見直し、新たな市場の定義をつくり出す」、つまり固定観念から抜け出して、新しい市場をつくりだすことを指向しています。具体的には次のようなアプローチをします。

既存の客ではなく、いま、**自社の業界の商品・サービスを使っていない人に着目**します。

具体的には、購入意欲が低く、他の商品で間に合わせている「消極的な人」、いまの業界の商品に不満を持っている「利用しないと決めた人」、業界の商品どころか、他の代替品も利用しない「市場から距離を置いている人」の3タイプに分かれます。それを整理した上で、この顧客以外の人たちを新たな客として取り込むにはどうしたら良いかを考えます。

戦略キャンパス（QB ハウスの事例）

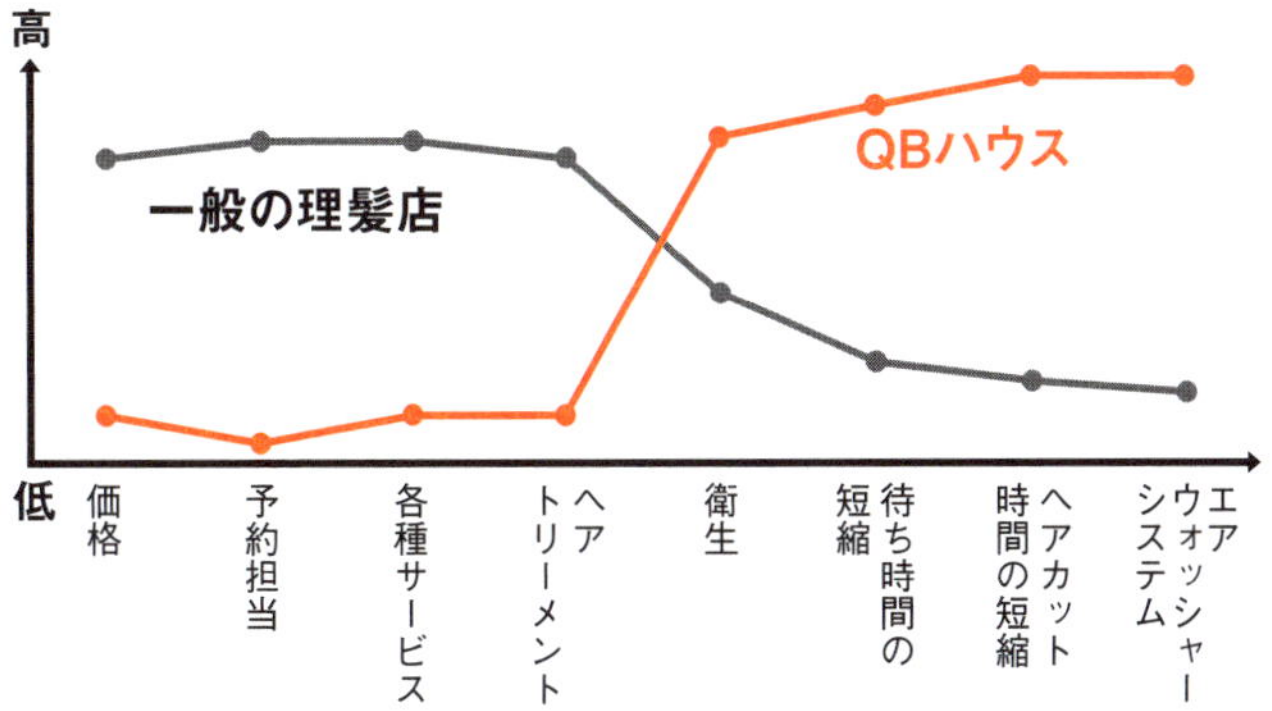

6つのパスを考える

以下の6つの視点から、新たな市場を生み出すヒントを探ります。

①代替産業に学ぶ

自分の業界が提供している商品の代替品となるものを考え、「なぜ自社の商品でなく、その代替品が選ばれるのか」を考えます。航空業界でいえば、「なぜ、飛行機ではなく、新幹線やマイカーを利用するのか」といった具合です。

②業界内の他の戦略グループから学ぶ

「機能が充実しているから」「独自のサービスが付いているから」「単に安いから」……。なぜ自社商品ではなく他社商品を選んでいるのか、その理由を調べます。

③買い手グループに目を向ける

たいがいの場合、買い手は複数存在するものです。自動車部品メーカーの場合には完成車メーカー、ディーラー、エンドユーザー、またエンドユーザーの家族などがいます。そのすべてを見回し、軽視していた買い手に着目します。

④補完材や補完サービスを見渡す

クルマを例にとると、クルマを買った人は、それだけしか買わないわけではありません。カーナビや芳香剤、クッションなど、機能を補完する商品も購入するものです。このような補完の役割を果たす商品をチェックし、その機能を今の商品でも実現できるかどうかを考えます。

ブルー・オーシャンを見つける6つのパス

1. 代替産業に学ぶ
2. 業界内の他の戦略グループから学ぶ
3. 買い手グループに目を向ける
4. 補完材や補完サービスを見渡す
5. 機能志向と感性志向を切り替える
6. 将来を見通す

⑤機能志向と感性志向を切り替える

先端技術や合理性を重視する「機能志向」、それよりもカッコ良さや心地よさなどを求める「感性志向」。たいがいの業界は、どちらかに偏っているものです。その逆をいく戦略を考えてみます。

⑥将来を見通す

業界に影響を及ぼす大きなうねりをとらえていく。違法の音楽ダウンロードの広がりに注目したアップルのｉＴｕｎｅｓのような例があります。

以上のアプローチをしたら、その結果をもとに、他社にない、オリジナルの価値曲線を考えていきます。

具体的には、次ページの図のような４つの作業によって、ブルー・オーシャンを見つけ、自社の商品・サービスを生まれ変わらせることができます。これを**バリュー・イノベーション**と呼びます。

ブルー・オーシャンを見つけるための４つのアクション

取り除く 業界常識として製品やサービスに備わっている要素のうち取り除くべき物は何か	**増やす** 業界標準と比べて大胆に増やすべき要素は何か
減らす 業界標準と比べて思い切り減らす要素は何か	**付け加える** 業界でこれまで提供されていない、今後付け加えるべき要素は何か

ブルー・オーシャン戦略

事例1

QBハウスは、なぜ1000円でやっていけるのか？

ゆ **QBハウス**って、1000円でカットしてくれるらしいですけど、安過ぎませんか？　人件費とか大丈夫なのかな？

カ QBハウスは、**「ブルー・オーシャン戦略」**なんです。

これは、ライバル会社に勝ち抜くとか競争するのではなく、**全く新しい市場をつくり出す戦略**です。血みどろの戦いをする「レッド・オーシャン」ではなく、誰も航海していない未知の大海原に漕ぎ出していくというイメージから「ブルー・オーシャン」といわれています。

ところで、QBハウスって、他の床屋さんとどこが違うと思う？

QBハウスが発見したブルー・オーシャンとは?

A 従来の床屋/美容院

1. 所要時間:約1時間
2. シャンプー:あり
3. マッサージ:あり
4. 料金:4000円くらい
5. 立地:自宅の近所

→ 休日にゆっくりリフレッシュしたいというニーズ

↕

B QBハウス

1. 所要時間:10分
2. シャンプー:なし
3. マッサージ:なし
4. 料金:1000円
5. 立地:オフィス街、駅近く

→ 平日に仕事の空いた時間に近くで安く速く手軽にカットしたいというニーズ

ゆ 行ったことないんですけど、シャンプーがないらしいですね。時間も10分くらいで、もちろん１０００円だから値段が安い。美容院と比べると１／４くらいですよね。

カ そうですね、あとマッサージも髭剃《ひげそ》りもありません。場所はどうですか？

ゆ あ、駅構内とかオフィス街で見かけますね。床屋さんとか美容院は家の近くなのに。

カ その通り。今まで、家の近所で休日1日かけてリラックスしていくのが床屋さんでした。それに対して、ＱＢハウスは、**忙しいビジネスマンが、平日の空いた時間に仕事場の近くで安く速く手軽にカットをしたいというニーズ**を見つけたんですね。
特に不況になってからは出費を抑えたいという要望が高まっているから、こんなにヒットしたんです。

ゆ じゃ、収益率はいいんですね。

カ 通常の床屋さんなら1時間1人で４０００円のところ、ＱＢハウスなら1時間当たり6人カットできるので、きわめて回転が速く収益性も良い。だから１０００円でできるんです。給与も悪くないと聞いています。

ゆ へー、確かに、美容院なんて3軒おきにある商店街とかありますもんね。レッド・オーシャンだ。わたしもブルー・オーシャンを見つけたいな！

カ ブルー・オーシャンを見つけるための考え方として、**①付け加える、②取り除く、③増やす、④減らす**という4つがあります。

たとえばQBハウスの場合、「10分で終わらせる」「料金は1000円」を「付け加え」、「洗髪」「マッサージ」「髭剃り」を「取り除」いて、新しいビジネスモデルを生み出したわけです。

ゆ なるほど、これは使えそうですね！

QBハウスのビジネスモデルを5つのポイントで考えてみましょう

解答例

1 顧客	忙しいビジネスパーソン
2 顧客価値	10分1000円でオフィスの近くで手軽にカット
3 経営資源	好立地店舗　システム化
4 差別化	安さ　手軽さ
5 収益	カット料金　回転率の高さ

ブルー・オーシャン戦略

事例2

沖縄まで5円で行ける？ 市場を席巻！ 格安航空会社ローコストキャリア（LCC）

(カ)沖縄まで5円で行けるって知ってました？

(ゆ)ええー！　ほんとですか!?

(カ)**エアアジア**という格安航空会社が日本に参入する際のオープニングキャンペーンで、成田～札幌・福岡・那覇片道5円だったんですよ。

(ゆ)何でそんなことが可能なんですか？

(カ)実は、世界の航空会社の株式時価総額の過半数以上が既にこうした**格安航空会社（LCC＝Low Cost Carrier）**になっているんです。

日本でも、ANAが自社の**ピーチ航空**を2011年2月に設立しました。また、

市場を席巻！　格安航空会社

A 従来の航空会社

① ラグジュアリーな機内

② フライトアテンダントの丁寧なサービス

③ 頻繁な機内食

➡ 快適な旅を楽しみたいというニーズ

↕

B 格安航空会社（サウスウエスト）

① 機種や機内レイアウトを統一し、効率化

② 空港使用料を抑え、経費削減

③ 機内食やサービスの有料化

④ 座席間を狭くするなど、回転数を上げる

➡ 早く安く到着したいというニーズ

・ローカル都市間を移動するビジネスマンがターゲット

・長距離バスがライバル

ＪＡＬは**ジェットスター・ジャパン**に出資しています。日本でも、本格的にＬＣＣが普及する可能性があります。

ゆ どこが発祥なんですか？

カ アメリカの**サウスウエスト航空**です。この会社は、１９６７年に設立され、「世界最強のＬＣＣ」といわれています。当時、アメリカのローカル都市間を移動するビジネスマンは、長距離バスを使っていました。サウスウエスト航空の創業者は、バスの運賃と同じくらいの運賃で移動できる航空会社をつくろうと考えました。**ライバルは他の航空会社ではなく、バス**だったんです。

ゆ あ、これもブルー・オーシャンですね！

カ そうです。ラグジュアリーな機内や、フライトアテンダント（ＦＡ）の丁寧なサービス、頻繁な機内食など、従来の飛行機の機能ではなく、早く安く到着したいという顧客をターゲットにしたのです。サウスウエストは、

①**標準化による効率化：**飛行機の機種や機内レイアウトなどを統一。パイロット、整備士、ＦＡも短期間に熟練できることでミスを削減

②**経費削減：**大都市ではなく郊外の空港使用料の低い空港を使用。ＦＡの訓練など

も人件費の安い地域で実施

③サービスの有料化：機内食や荷物預かり、座席指定などをオプションとして有料で提供

④回転数を上げる：座席間を狭くすることによって、席数を増やし、機内清掃もFAが行うことによって、着陸後1時間程度ですぐにまた離陸

　このようにあらゆるコストカットを行い従来の航空会社では実現できなかったような低価格を実現したのです。

ゆ すごい。気軽に旅行や出張に行けたらいいですね。でももうレッド・オーシャンかな？

格安航空会社のビジネスモデルを５つのポイントで考えてみましょう！

解答例

1 顧客	ともかく早く安く遠い距離を行きたい人
2 顧客価値	バス料金並みの安い航空サービス
3 経営資源	標準化による徹底的なコスト削減
4 差別化	安さ　手軽さ
5 収益	航空チケット代　オプションサービス料　稼働率 回転数の高さ

LESSON

16

参入障壁モデル

事例1

他社の2歩先を行く！スピードと参入障壁構築で成功したインテル

カ **インテル**って聞いたことありますか？

ゆ 「インテル入ってる！」って、ＣＭでやってましたね。

カ そうですね。インテルは、パソコンなどに入っている半導体チップのメーカーです。インテルの共同創設者ゴードン・ムーアは１９６５年に「半導体チップの集積度（コンピュータの処理性能に影響する）は、およそ18カ月で2倍になる」というムーアの法則を提唱しました。

ゆ すごい速さで技術革新が進むってことですか？

カ そうです。インテルの強さは、まさに技術開発力の高さとスピードにあるのです。

インテルの参入障壁戦略

1.経験効果に基づく価格設定

価格が同じであれば、経験効果によりコスト・リーダーは、個人の利益・自社の利益のみならず、他社の利益さえもコントロールできる。

経験の差 → コストの差 → コスト・リーダーの価格設定 → 市場シェアの差

➡ **インテルは、製品ライフサイクルの初期段階でコスト・リーダーになるための戦術「浸透価格政策」をとっている**

2. インテルの浸透価格政策

経験効果

累積生産量（経験量）が増えるにしたがって、一定の比率で単位当たりコストが減少する現象。
規模の経済との違いは、「ある時点」と「累積」の違い

発生要因

1. 労働者の能率向上
2. 作業の専門化と方法の改善
3. 新しい生産工程
4. 生産設備の能率向上
5. 活用資源ミックスの変更
6. 製品の標準化
7. 製品設計など

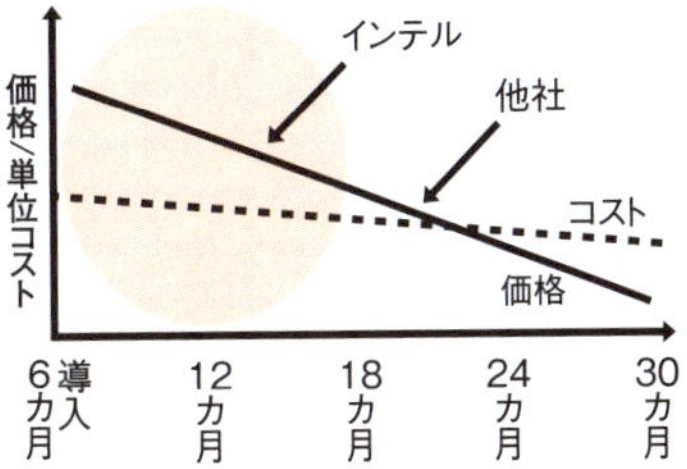

（出典：『プロフィット・ゾーン経営戦略』p.197「図表 9-2 インテルの「2 歩先を行く」ビジネス・デザイン」より作成）

ゆ ほかの会社はついていけないほどなんですか？

カ 他社も、半年から一年くらいで同じ技術水準に追い付いていくのですが、インテルは、常にものすごいスピードでマイクロプロセッサの開発を進めて、他社が追いついてきたら、そのモデルの価格を一気に下げてしまって、他社の利益が出ないようにしているのです。つまり、**他社が追いつくまでの間の短期間に高い利益を上げるビジネスモデルを構築**しているといえます。

ゆ どこまで一気に価格を下げるんですか？

カ 累積生産量が増えるにしたがって一定の割合で製品単位当たりコストが減少することを**「経験効果」**といいます。

ゆ たくさんつくると1個当たりのコストが下がることですよね？

カ それは、生産量が増えることによって単位当たりのコストが下がる**「規模の経済」**ですね。「経験効果」は累積生産量によるものなので、異なる概念です。

ゆ む、難しい。早く始めた方が有利ってことですか？

カ そうです。さらに、将来生産量を見通すことによって、価格の下落を予想することができるのです。

ゆ だから、インテルは急激に価格を下げることが可能なんですね。
　ところで、何でインテルは直接のお客さんでない一般消費者向けのＣＭを打っているんですか？

カ とてもいい質問です。確かに、インテルのお客さんは、ＰＣメーカーです。しかし、調査の結果、ＰＣメーカーがどの部品メーカーを選ぶかは、販売店の意向、つまり消費者によって左右されるという結果が出たのです。だから、インテルは一般消費者向けのＣＭを打つことによって販売店さらにはＰＣメーカーにまでブランドを浸透させることに成功しているのです。

インテルのビジネスモデルを５つのポイントで考えてみましょう！

解答例

1 顧客	PCなどのメーカー
2 顧客価値	高性能のCPUほか
3 経営資源	優れた技術力　経験曲線
4 差別化	PC購入者へのブランド　優れた技術力　戦略的価格設定
5 収益	販売益

参入障壁モデル

事例2

まずは地元を制覇せよ！ スターバックスとセブンイレブン

ゆ うちの近所にスタバとセブンイレブンがすごくたくさんあるんですけど、あんなに近くに同じチェーン店ができて大丈夫なんだろうかと思いました。

カ そうですよね。スタバとセブンはともに業界のトップですが、同じ**ドミナント戦略**と呼ばれる戦略をとっています。

ゆ ドミナント？

カ スタバはもともと、アメリカのシアトルに誕生したエスプレッソを出すお店で、出店は地元シアトルが中心でした。

スタバは集中的に店舗を出店することにより、そのエリアで圧倒的な地位を確立。

地域で1番になるスターバックスのドミナント戦略

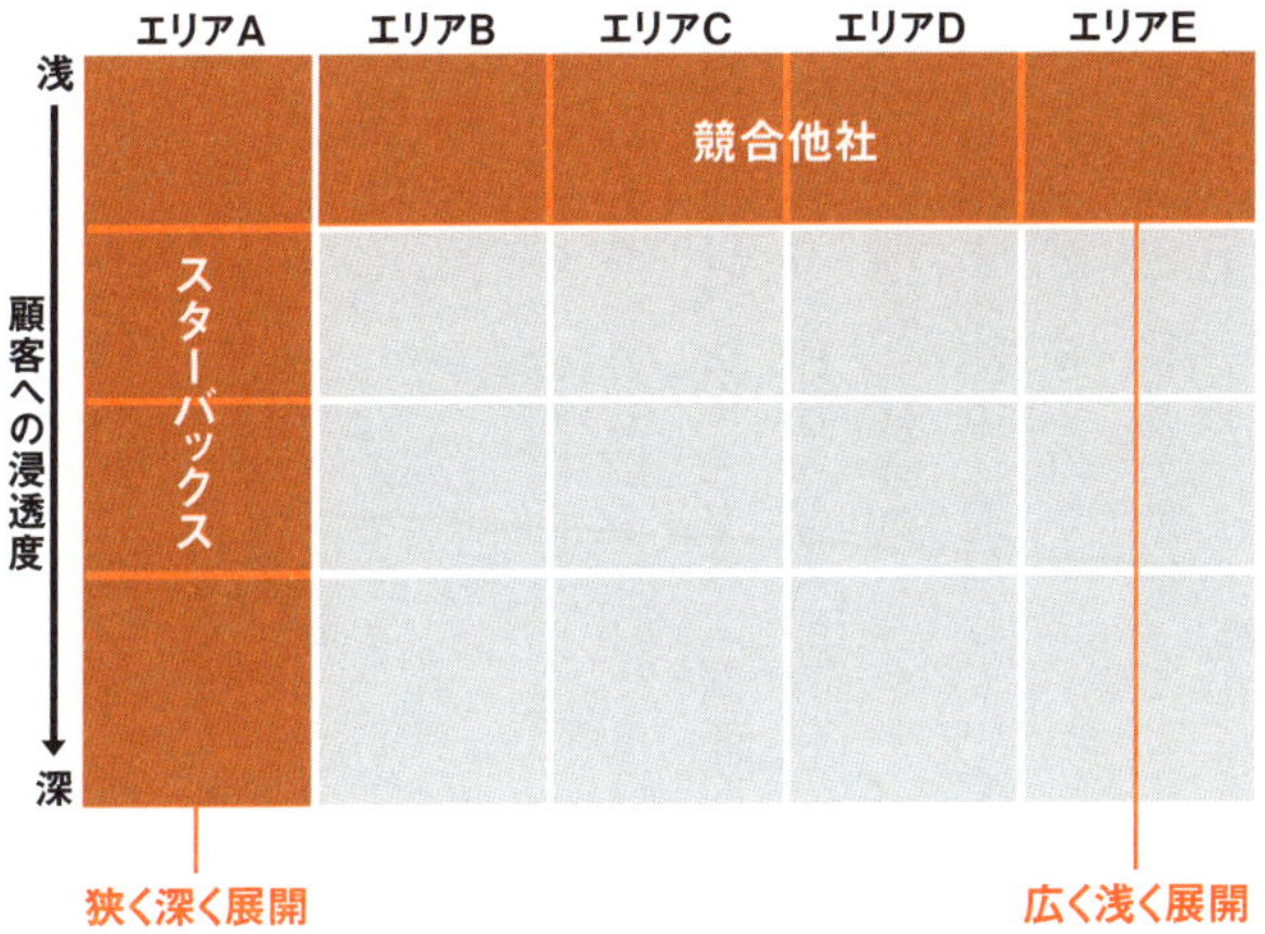

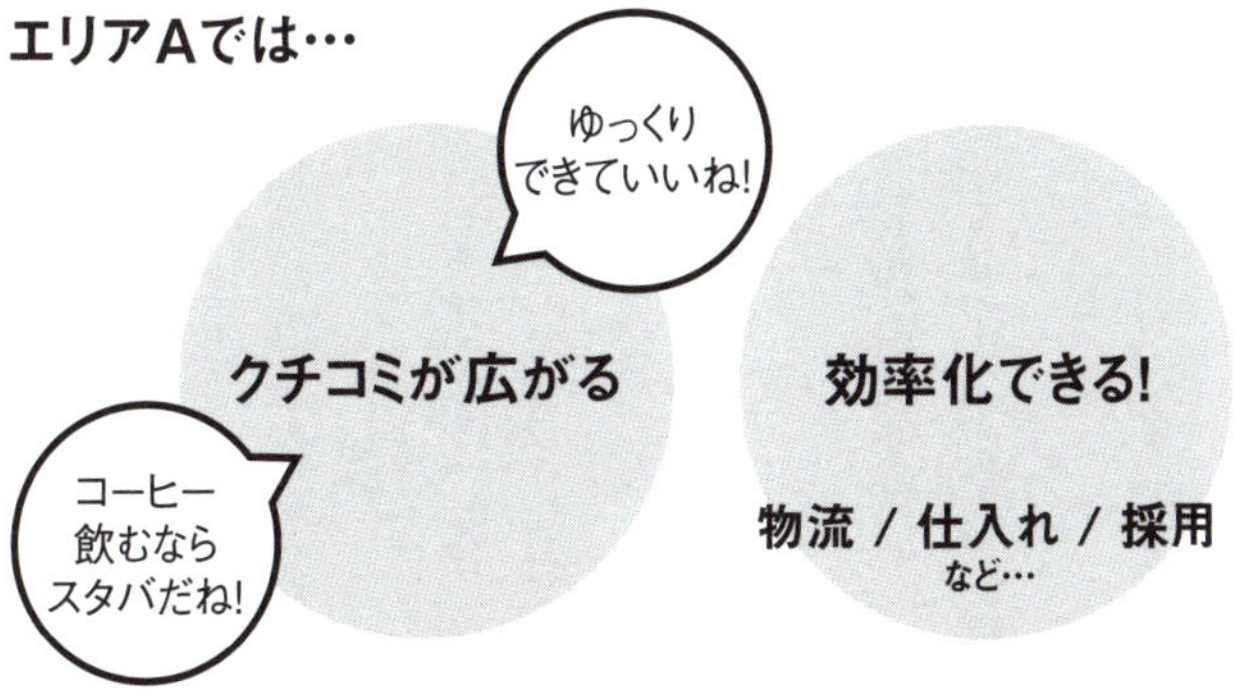

特定の地域で圧倒的な地位を築き、他社の参入を阻止する

物流・仕入れ・採用などの効率化を図り、店舗自体が、宣伝・広告・クチコミの発信源となっていったのです。それによって、他社がその地域に参入してくるのを防ぐとともに、コーヒーを飲むだけでなくゆったりとした時間を過ごす、自宅、職場に次ぐ「第3の場」という新しいライフスタイルの提案に成功しました。

ゆ セブンも同じなんですか？

カ そうなんです。ローソンがいち早く全国展開し、日本全国すべての都道府県に出店したのとは対照的に、セブンは特定の地域に集中的に出店し、酒屋さんなどをフランチャイズ化してお酒も売れるコンビニということで人気になりました。スタバ同様にロジスティクス（商品の配布）やブランド構築、スタッフの採用などを効率的に行い、他社の参入を防ぐことで成功しました。

これを**地域一番戦略（ドミナント）**といいます。ある特定の地域で一番になり、その隣接する都市に進出していくことで、コストを抑えながらブランド構築をしていくことができるのです。

ゆ なるほど。最初の地域ってどこでもいいんですか？　やっぱり都市部ですか？

カ 地方も狙い目ですよ。香川県のＶＩＤＥＯ　ＩＮ　ロッキーというビデオレンタルチェーン会社は、最終的に大手ゲオに買収されました。
　地域密着型でお客さんをしっかりつかむことができれば、大手に高値で売却することで収益を上げるという事例です。

ゆ 売却！　それいいですね！　一獲千金！

カ もちろん会社を大きくするのも大切ですが会社や従業員のために売却した方がいい場合もあります。アメリカでは売却してまた新しい事業を興したり、売却によって得た資金で新しいベンチャーの支援をしたりすることはとても普通なことです。

スターバックスのビジネスモデルを５つのポイントで考えてみましょう！

解答例

1 顧客	自分自身を再発見する場を求めている人
2 顧客価値	心地良い雰囲気とおいしいコーヒー
3 経営資源	すばらしい社員、美味しいコーヒー、心地良い空間
4 差別化	集中出店による独自空間の提供
5 収益	店舗での売上、ライセンス代

「反則ワザの集大成」で大人気のドン・キホーテ

1980年に安田隆夫氏が創業したディスカウントストアのドン・キホーテは不況下でも売上が伸び続け、ついに5000億円を突破しました。

その秘訣は、従来の流通業の常識にとらわれない、いわば**「反則ワザの集大成」**といわれるビジネスモデルにあります。

ドン・キホーテの特徴は、①深夜営業、②「圧縮陳列」、③現場への権限委譲です。

①深夜営業といえば、24時間営業のコンビニエンスストアが真っ先に思い浮かびます。コンビニの営業時間は、「必要な物が、いつでもすぐに買える」という顧客のニーズに応えたものです。これに対して、ドン・キホーテは正反対の戦略をとっています。

実際にお店に行くとわかりますが、ドン・キホーテは飲み会を終えた友達同士やカップルがブラブラと歩き回り、あれこれいい合いながら「遊ぶ」ための場所なのです。つまり、**「深夜にお祭の夜店を歩くような楽しい場所」**なので、競合はコンビニではありません。カラオケ・居酒屋といった**楽しく人と過ごす場所が競合**なのです。

②「圧縮陳列」という独特の陳列方法も「店舗は見えやすくわかりやすくあるべき」、という**原則と正反対の方法**です。雑多なものが

天井までびっしりと陳列されていて、商品は探しにくく見にくく買いにくく取りにくい熱帯雨林のジャングルの中を歩いているような気分になります。これこそがワンダーランドとして人々が集まるエンターテインメントの要素を生み出しているのです。

　高級ブランド品の近くに日用雑貨が置いてある、そんな意外性が何度も人を来店させる秘訣になっています。

　テレビなどで話題になっている商品も必ず見つかるのも特徴です。これは③現場への権限委譲を行っていることの成果でしょう。ドン・キホーテは、お客さんのニーズにスピーディに対応するために、**各コーナーを現場の社員に任せ、小さな商店街のような仕組み**をとっています。

　予算や値付けや仕入れもすべてコーナーの担当に権限を委譲することによって、社員は各担当コーナーの**「商店主」**になります。そしてあたかも仕事がゲームのようになり、これによって**現場の社員もやる気が出る**という効果があります。

　「仕事」を「ゲーム」にするポイントとして（1）現場への大幅な自由裁量、（2）最小限のルールの設定、（3）結果に対するシンプルで明確な勝敗判定、（4）半年というタイムリミットの設定が挙げられます。

これはチェーンストアの本部が棚の売上状況をシステム監視して常に自動補給するのと正反対の仕組みです。こうした中央集権的なシステムは、顧客の新しいニーズを捉えるまでに時間がかかる、あるいは売られていない人気商品を把握できないという問題があるのです。

これまでの小売の常識の正反対をいくドン・キホーテですが、**現場の社員の活性化を図り顧客ニーズを常に把握すること**で、大きく変化する消費スタイルに対応しているのです。

PART7

流通チャネルに注目したビジネスモデル

LESSON

17

「マルチ販売ルート」型モデル

事例

コカ・コーラはなぜ100円でも儲かるのか？

カ コーラはどこで買いますか？

ゆ コンビニ、自販機、スーパー、あと飲食店でも頼みますね。

カ 値段はどうですか？

ゆ あ、購入場所によって違います！　ホテルとかで飲むと1000円近くするし、スーパーだと1リットル200円しないときもあります。

カ 自販機とコンビニ、メーカーとしては、どっちが儲かると思います？

ゆ ？？

カ 自販機なんです。ある意味直販ですからね。ホテルはもっと儲かる。コンビニ

コカ・コーラの流通チャネルの変化

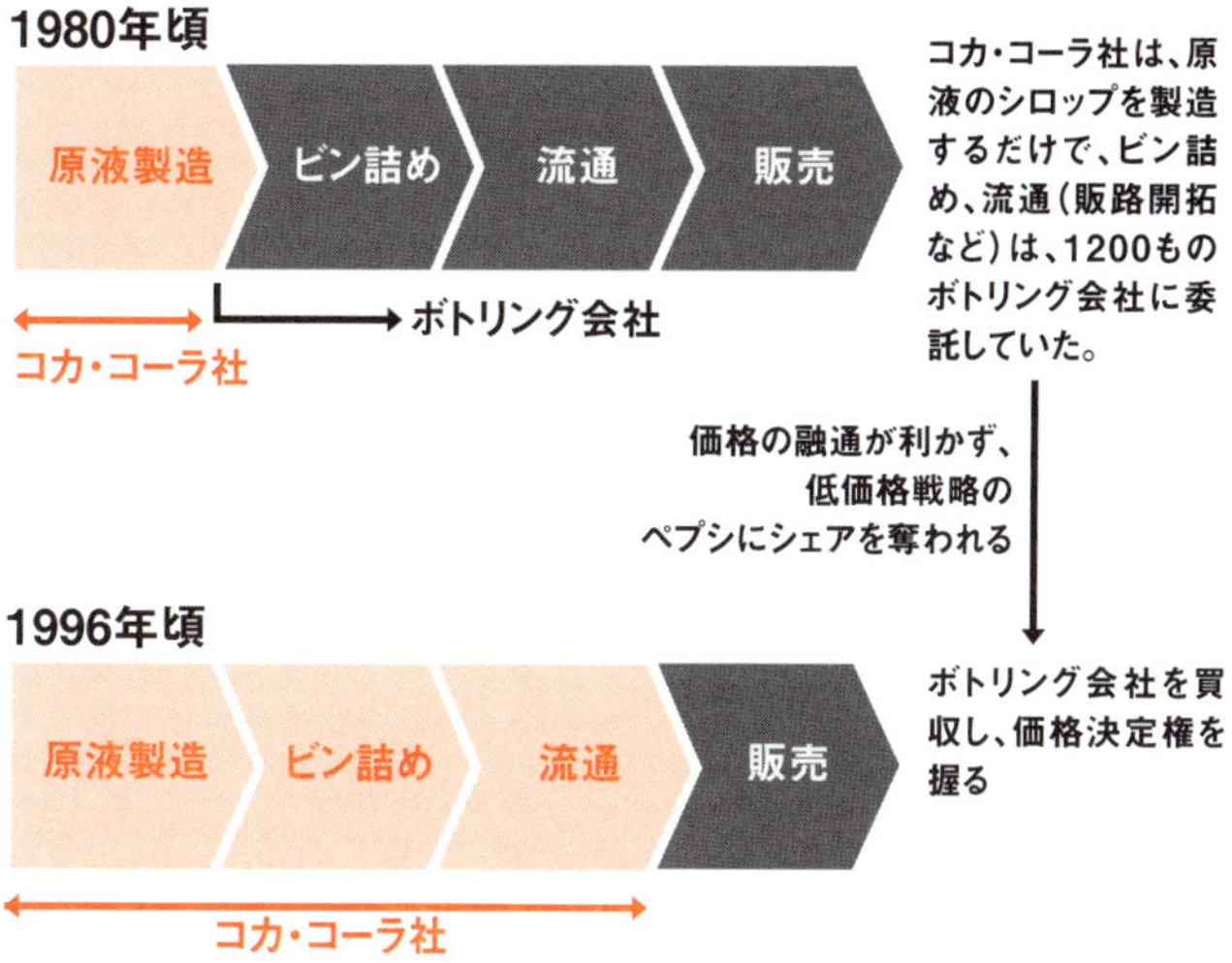

(出典:『プロフィット・ゾーン経営戦略』p.143
「図表7-2 コカ・コーラ社のビジネス・デザイン:価値連鎖の管理」より作成)

▼

高収益の見込める自販機、レストランに注力

	価格	コカかペプシか、顧客の選択権	収益
自販機	定価(メーカーが決定できる)	その場所唯一の自販機になれば、消費者に選択権はない	高
レストラン	高く設定できる	そのレストラン取り扱いの唯一のコーラになれば、消費者に選択権はない	高
コンビニ/スーパー	安売り(販売店が決定する)	両方の商品が陳列されるので、消費者に選択権がある(→激しい価格競争に)	低

がいちばん利幅が薄い。コカ・コーラってこの10年でグローバル展開を進め、時価総額が10倍になるほどの優良企業なんですが、このビジネスモデルについて説明しましょう。

ゆ 同じコーラなのに値段がバラバラなのは不思議ですね。

カ アメリカでは、コカ・コーラ社はコーラの原液を売っているだけの会社でした。門外不出の秘伝中の秘伝ですね。で、販売についてはもともとはコカ・コーラ・ボトリングという販売会社があり、その原液を元にコーラを製造して販売していたのです。つまり、コカ・コーラ社には値段の決定権がなかったのです。

ゆ 最近はコーラもいろんな会社が発売していますよね。でもあの味は本当にやみつきになる味ですよねぇ。

カ 70年代以降、**ペプシ・コーラ**が台頭してきて、コカ・コーラのライバルになってきました。そこでコカ・コーラ社は、ボトリング会社を買収し、販売の価格決定権を握るのです。ところで、なぜ儲からないのにコンビニで売ると思います？

ゆ 宣伝？

カ そうです。ペプシとの戦い上、コンビニに置かないわけにはいかないから、利益を犠牲にして、宣伝しているわけです。その分、自販機を網羅したり、大手のレストランと契約し、利益を上げて価格をコントロールできるようにしたのです。

日本でも、コカ・コーラ社の自販機網が圧倒的に強いんです。自動販売機の4分の1程度はコカ・コーラですからね。

ゆ たしかによく見かけます！

カ 普通、商品を変えることによって利益率を調整しますが、**コカ・コーラ社は、同じ商品を販売ルートを変えることによって価格を変え、利益を上げるビジネスモデル**なんです。これを、「マルチ販売ルート」型モデルといいます。

コカ・コーラのビジネスモデルを5つのポイントで考えてみましょう！

解答例

1 顧客	世界中の人
2 顧客価値	スカッとさわやかな飲料
3 経営資源	レシピ　マルチ販売チャネル
4 差別化	ブランド
5 収益	販売益

LESSON
18
SPAモデル

事例1
なぜZARAにはいつも新しいアイテムがあるのか？

カ **ZARA（ザラ）**で買い物したことありますか？

ゆ 買いまーす！　そこそこの値段で、おしゃれな服が買えるからいいですよね。

カ ZARAは、スペイン発祥のファッションメーカーで、小売りも一貫して行うSPA（製造小売）と呼ばれるビジネスモデルにより、急成長しています。
SPAとは、自社ブランド商品を企画、製造、物流、販売まで一貫して自社で行うビジネスモデルでGAPやユニクロなども同様です。

ゆ ZARAはおしゃれなのに、何であんなに安いんですかね？

カ まさにそれがZARAの特徴なんです。

通常は、デザインから店頭に置くまで半年程度かかるので、トレンドが変わるリスクがあり値引き販売せざるを得ない業界です。その分はじめに価格に上乗せをします。

一方、ZARAでは、有名デザイナーではなく、**若いデザイナー**を大量に雇用し、流行のデザインをいち早く商品化して、**わずか2週間**で発売することができるんです。

しかも、**同じ商品は一定数**しかつくりません。つまりその商品が売れてしまったら、同じ商品を再度販売することはないのです。

ゆ お店に行くたびに違う商品になって

SPAとは

自社ブランド商品の企画から販売までを一貫して自社で行うビジネスモデル（他にユニクロ、GAPなど）

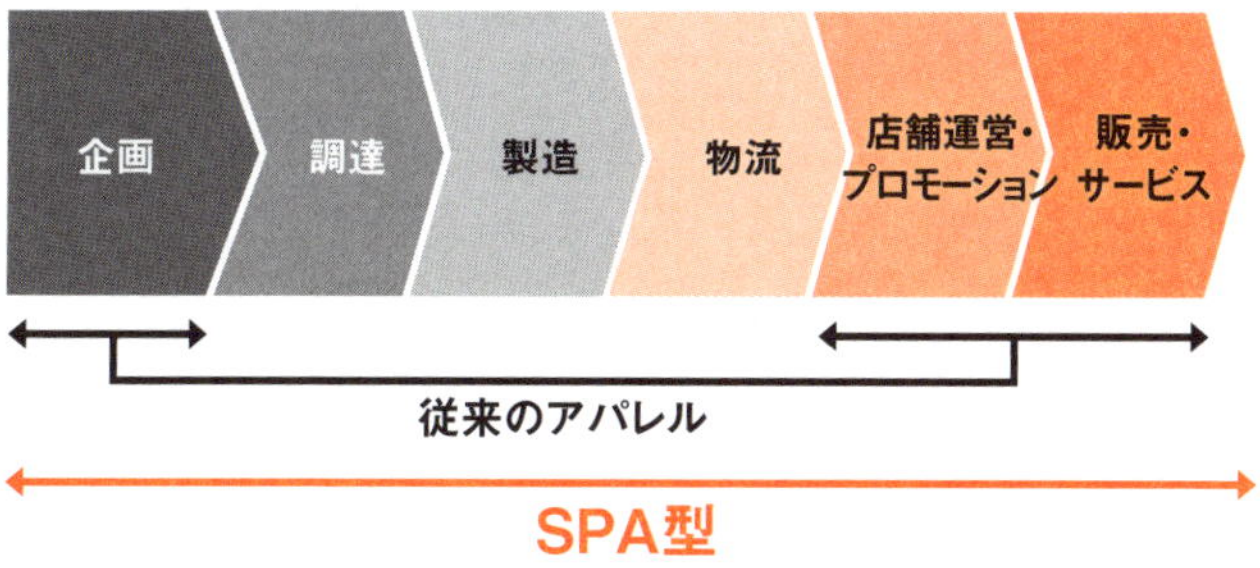

いるのは、そういうことだったんですね。

カ そうなんです。実は、ZARAは同業他社のファッションブランドと比べて、**来店回数が約6倍**といわれています。これは、頻繁にお店のレイアウトや商品を入れ替えているからなんです。

また、**その場で買わないと売り切れてしまうかもしれないという希少性**をアピールしているので、一度買った人は何度でも店舗に足を運び、その場で買ってしまうのです。

カ ZARAの広告見たことありますか？

ゆ あ、そういえば、ほとんどないですね。

カ そうなんです。実は**ほとんど広告を**

ZARAにはなぜリピート客が多いのか

	ZARA	従来のアパレル会社
デザイナー	若手をたくさん	ベテラン
立地	一等地　ガラス張り	いろいろ
製品化までの時間	2週間程度	6カ月〜
広告	しない	する
在庫方針	・多品種少量 ・売り切り	・少品種大量 ・売れ残りリスクあり

していないのです。

ＺＡＲＡの店舗は、どこも人がたくさん通る一等地にあって、**店舗自体が広告塔**になっているのです。そのため、広告費がほとんど不要なのです。

売り切り商品のために在庫もあまり持たないため、キャッシュフロー上も健全ですし、リピーターが多いというビジネスモデルのため粗利益も確保でき、比較的低価格でファッション性のある服を出し続けることができるのです。

ゆ 何だか今から買い物に行きたくなってきました！

ZARA のビジネスモデルを５つのポイントで考えてみましょう

解答例

1 顧客	安価にファッション性の高い服などを買いたい人
2 顧客価値	旬なデザイン性の高い商品を安価に提供
3 経営資源	若手デザイナー　一等地の店舗
4 差別化	旬なデザイン服を数量限定で安価に販売
5 収益	販売益　広告なし

SPAモデル

事例2

顧客と原材料を押さえるファンケルの強み

カ 自分ブランドの化粧品をつくってみたいと思いませんか？

ゆ え、そんなことできるんですか？

カ 実はできるんです。化粧品の製造原価率はどれくらいか知ってますか？

ゆ えー、2割くらいですか？

カ 一般的には、基礎化粧品の原価は5％以下といわれています。

ゆ 5％!?　じゃ、化粧品会社はすごく儲かるんですね。

カ ヒットすればね。ヒット商品をつくるのはなかなか難しいので、化粧品のCMが多いのです。

価格コントロール権を握るファンケル

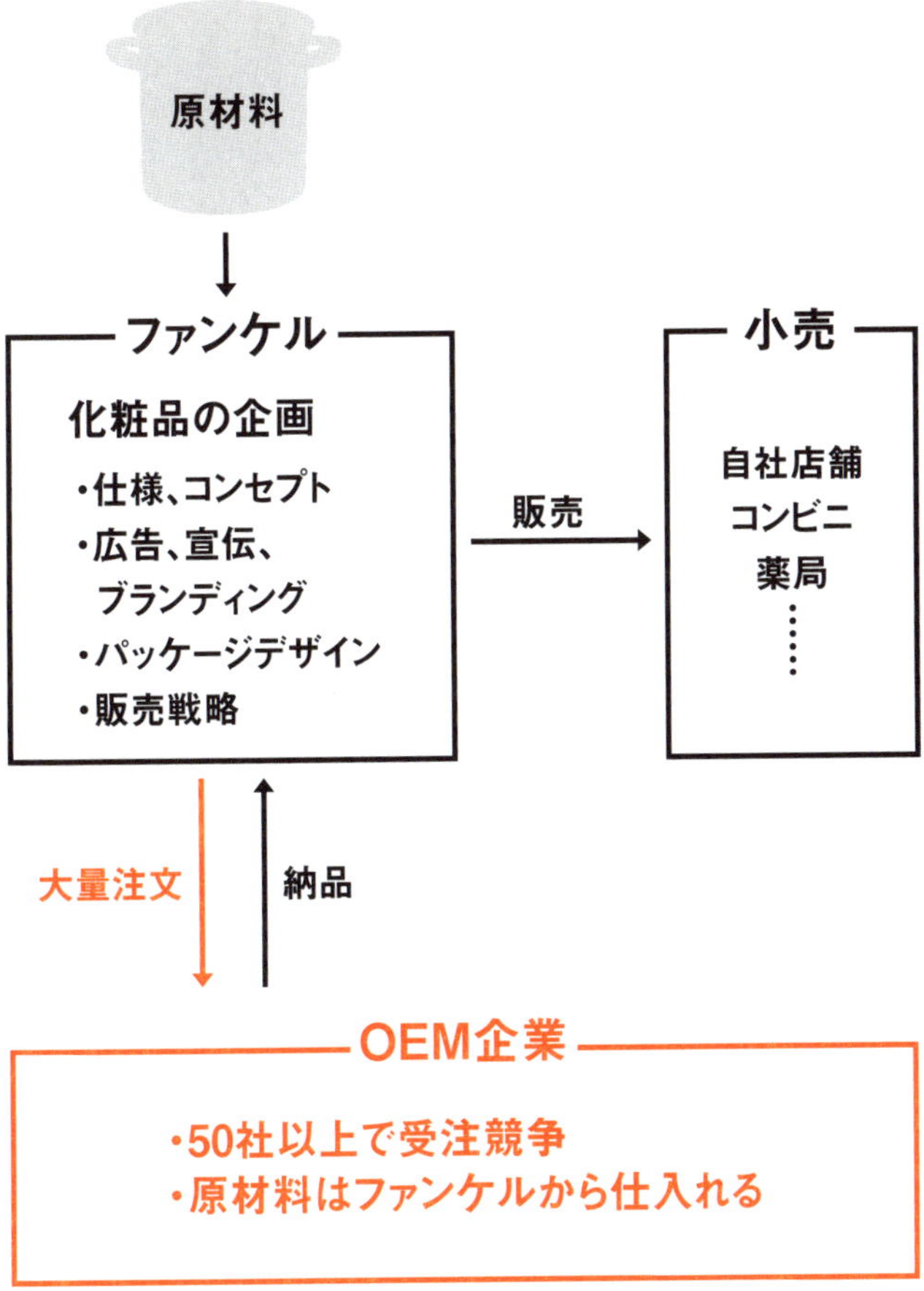

➡ OEM先に対して価格コントロール力を持つことで、安価で良質な商品をつくることができる

ゆ 最近色々な企業が化粧品を始めてますよね。**富士フイルム**とか。

カ ゆるビジ子ちゃんブランドの化粧品も簡単につくれるんですよ。実は、化粧品や健康食品は**OEM**（Original Equipment Manufacturer：委託生産事業者）という方法で多くの下請け会社が存在しています。

ゆ OEMって何ですか？

カ 一般的には、他社ブランドの製品を製造すること、またはその企業を指します。化粧品のOEM企業は、製造事業者として、薬事法などの法的な手続きなども含めてやってくれる会社なんです。内容やデザインを企画し、製造委託をすれば、1個1000円くらいでできると聞いたことがあります。

ゆ じゃあ、1個1万円で売れれば、9000円の儲けですね。

カ 実は、今コンビニなどでも売られている**ファンケル**化粧品は、こうした委託先を50社以上使っているといわれています。ファンケルが成功したのは、化粧品や健康食品の**原料を自ら調達**し、OEM先に提供する仕組みを構築したことにあります。

ゆ じゃ、ファンケルには原価が分かっちゃってるわけですね。

カ そうなんです。しかも、大量に発注を行い、かつ50社以上を競争させる。ファンケルは、**OEM先の価格コントロール権を握る**ことに成功しているのです。

ゆ 化粧品販売会社は何をするんですか？

カ 販売会社は商品の宣伝やパッケージ、特徴のある素材を使った商品開発を行います。ファンケルのように強力な販売網を有して顧客を持っている企業には大量発注する**低コスト戦略**がとれるのです。

ゆ やっぱりお客さんと原材料両方を握っているからこそできるのですね！

カ はい。ファンケルも自社ブランドのバリューチェーンをコントロールしているという点で、SPAモデルの類似の戦略といえるでしょう。

ファンケルのビジネスモデルを５つのポイントで考えてみましょう！

解答例

1 顧客	美容健康志向の人
2 顧客価値	安価で良質な商品
3 経営資源	ブランド　OEM先との関係
4 差別化	多数の顧客と材料仕入れの確保
5 収益	販売益

LESSON

19

中抜きモデル

事例

直販で急成長したデルとコモディティ化したPC

ゆ パソコンを買おうと思ってるんですけど、安くて必要な機能だけのパソコンないかな？

カ アメリカのコンピュータ製造販売の大手**デル**が１９９０年代から**デル・ダイレクトモデル**という仕組みで急成長したのは、まさにそういうニーズに対応したからなんです。

ゆ デルはＣＭとか新聞広告で見たことあります！

カ デルは、１９８４年の創業から通信販売にて、**顧客からのオーダーを受けて要望に合わせてカスタマイズした製品を生産し直接販売**してきました。顧客は、問屋

デルのダイレクト販売モデル

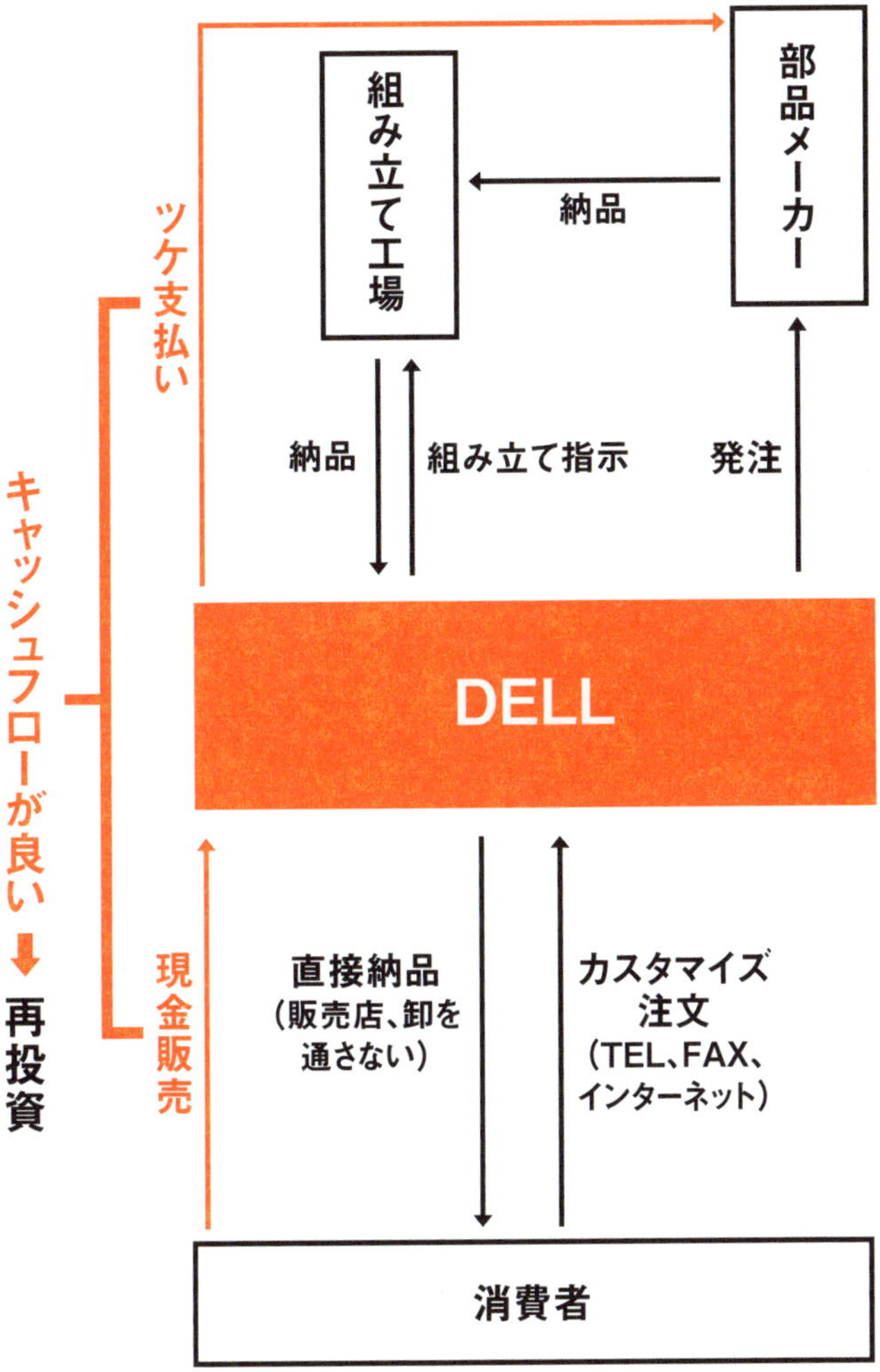

を通さないために中間マージンがなく、自分が望む仕様の製品を安く購入できます。一方、デルは在庫が不要で不良在庫を抱えるリスクがない。

さらにデルは、外部のパートナー企業とも提携し、部品の調達以外にも組み立てや技術サポートをアウトソースしています。顧客には現金販売で行い、部品供給会社にはツケで買うことで資金繰りも楽になっていたのです。そのため、売上が増えるほどキャッシュが増えて再投資に回すことができたのが、急成長の秘訣《ひけつ》です。

ゆ ダイレクトモデルっていいことづくめですね。

カ ところがそうでもないんです。カスタマイズするようなハイエンドユーザーや法人には引き続き人気がありますが、スマートフォンやタブレットPCの普及によって、パソコンの価格が激しく下落してしまっているのです。

つまり、パソコンが**コモディティ化**してしまって、製品自体の差別化が難しくて価格競争が起きてしまったのです。

ゆ コモディティ化って？

カ 日用品のように誰でもつくれる商品になって過剰な価格競争に陥ってしまうことをいいます。規模が大きい会社は部品を安く仕入れられるので、安くつくれるようになります。台湾や中国などのメーカーが高性能かつ安価なパソコンを製造できるようになったのです。つまり、カスタマイズができて価格が安いというデルの強みが少なくなったんです。

ゆ IBMも中国の会社に買収されていましたね。

カ 最近はブロードバンドの普及によって、パソコンの機能を後からオンラインで変更するようなこともできるようになりました。そのため、パソコンというハードウェアよりも、ソフトウェアの重要性が増しています。

ゆ ビジネスモデルってあっという間に陳腐化するんですね。

デルのビジネスモデルを５つのポイントで考えてみましょう！

解答例

1 顧客	オリジナル仕様のPCが欲しい人
2 顧客価値	安さ　カスタマイズ
3 経営資源	直販体制
4 差別化	安くカスタマイズ
5 収益	販売益

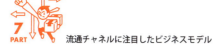

で、実際にどうやって新規ビジネスをつくるの？

ゆ 成功企業のビジネスモデルはすごいけど、実際に自分でビジネスを考えるのは難しそうですね。

カ そんなことはありませんよ。

ドラッカー博士は、今までになかった顧客の欲求をつくり出し、新たな価値や行動を生み出し、市場や社会に変化を与えるものを**「イノベーション」**と呼んでいます。

ゆ 以前、企業は何のためにあるのか（18ページ）で学びましたね。

カ そのイノベーションの発見の仕方として、ドラッカー博士は**「現在はすでに起こった未来」**と述べ、左ページ下図の7つを挙げています。

ゆ　たしかに、新聞で見たのですが、60代の人の消費が20代の人の消費を上回ったとか。コンビニなども高齢者向けのビジネス展開を強めているそうです。

カ　人口動態などは新しいビジネスチャンスを見つけるには重要な視点ですね。

ゆ　普通のビジネスパーソンでもできるでしょうか。

カ　はい。これから紹介する**「ビジネスモデルのつくり方」**を学び、実際に仲間といっしょに手を動かしてワークをすれば、誰でも新しいビジネスモデルをつくることができます。

ゆ　え、ほんとですか!?

カ　新規ビジネスを生み出す一連の流れ

「イノベーション機会の発見」7つのポイント

ドラッカー「現在はすでに起こった未来」

1. 予期せぬことの生起
2. ギャップの存在
3. ニーズの存在
4. 産業構造の変化
5. 人口構造の変化
6. 認識の変化
7. 新しい知識の出現

を整理してみましょう。

まず自社、競合企業、本書でご紹介した企業のビジネスモデルについて実際に本書の巻末付録を使って見える化をしてみましょう。次に、次項以降で詳しく説明する思考法を使って、新規ビジネスのアイデアを考えます。そして、そのアイデアを落とし込んだ**「マーケティング戦略」**と**「ポジショニング宣誓書」**にまとめれば完成です。

これらの過程は、できれば数人の仲間とグループで行うと更に効果が上がるでしょう。

ゆ 盛り上がりそうですね！

カ 本書で扱うのはここまでですが、実際にはこの後、事業として成り立つかどうか検証していきます。市場ニーズの調査・確認なども必要です。

事業計画、リスクの列挙と対応策、キャッシュフロー計画、設備計画、収支、人員計画なども、ベンチャーキャピタルや銀行からの借り入れや社内決裁をとるために必要なので作成します。

ゆ なるほど。「ゆるビジ子ランド」の姿が見えてきました！

新規ビジネス構築のフロー

自社、競合企業、成功企業のビジネスモデルを見える化する
（P216 のワークカード Ⓐ を使用）

↓

さまざまな思考法をつかって新しいビジネスモデルをつくる
（P198〜205参照）

↓

・マーケティング戦略を考える（→P206）
・「ポジショニング宣誓書」をつくる（→P210）

↓

より正確な市場の調査確認
（マーケティング戦略と同時に行うことも多い）

↓

事業計画書の作成
（キャッシュフロー計画や収支計画、人員計画など）

↓

実行
（当たり前のことですが、ここがスタートです！「絶対に成功させる！」という情熱を持って実行してください）

実践編
新規ビジネスのつくり方

思考法① アナロジー思考

ゆ さっそく思考法について教えてください！

カ ご紹介します。1つ目は「**アナロジー思考**」。2つ目は、「**マトリクス思考**」。3つ目は「**水平思考**」です。

ゆ 難しそう……。

カ まず、「アナロジー」とは、日本語でいう「類推」という意味です。定義は小難しいのですが、新規ビジネスを考えるにあたって用いるアナロジー思考とは、**あるビジネスモデルをほかの業種に適用する考え方**です。

わたしが以前担当した「**おサイフケータイ**」を使ったクレジット事業は、プラスティックのクレジットカードを携帯電話に置き換えられないか？　という点から発想したものです。

ゆ なるほど。

カ その他、ブルー・オーシャン戦略を食品業界で適用したらどうなるだろうか？　あるいはプラットフォーム戦略®を教育産業で適用したらどうなるだろうか？　などと考えていくわけです。

ゆ いい意味でパクるんですね。

カ そうですね。世の中のビジネスの80％は、他の業態のモノマネだという人もいるくらいです。企業向けの戦略論である「プラットフォーム戦略®」を個人の人生の戦略に適用したのが、「パーソナル・

アナロジー思考とは

新規事業である「ターゲット領域」に対して、それに類似した、アイデアの「借り先」（例えば他業界やスポーツの世界）となる「ベース領域」を見いだす

そしてベース領域の考え方を、「ターゲット領域」にマッピングする（関連付けて対応させる）ことによってその領域での新しいアイデアを生み出す思考法（細谷功氏）

▼

あるビジネスモデルをほかの業種に適用する考え方

プラットフォーム戦略」です。

ゆ　教授の専門分野ですね！

カ　ただ、気をつけなければいけないのは、**ビジネスモデルの抽象化**をしないと適用が難しいということです。

ゆ　どういうことですか？

カ　たとえば、グリーもDeNAもビジネスモデルで見ると、プラットフォーム戦略®とフリー戦略、さらに「カミソリと刃」型モデルの組み合わせです。それらをビジネスモデルごとに分解して、自社やほかの業種に適用しなければなりません。やみくもに真似をすればいいわけではないのです。さらに、**新しい付加価値**を付け加えることも大切です。

上手にアナロジー思考を使うには

構造的類似点を探す抽象化思考力が必要

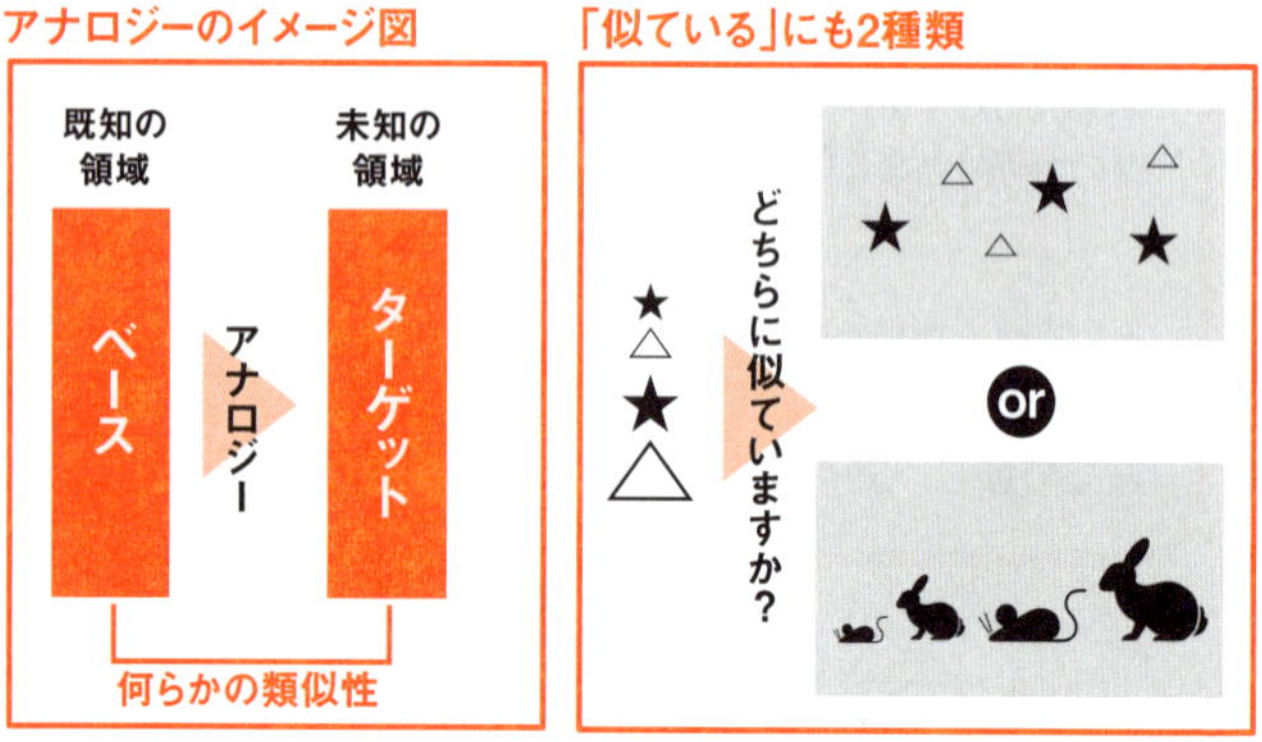

ゆ　なるほどー。じゃあ、まずは自分のやりたい業種で、いろいろなビジネスモデルをかけて合わせて考えるのがいいんでしょうか？

カ　その通り！　30社で19のビジネスモデルを紹介しましたから、それらを218ページのワークカードⒷの業種カードとアットランダムに組み合わせて考えてみると新しいビジネスが生まれる可能性があります。

ゆ　自分の会社のビジネスモデルを理解することも大切ですね。

カ　はい。216ページのワークカードⒶでぜひ図式化してみてください。

ゆ　はーい、やってみまーす。

アナロジー思考のための視点

自分の会社で適用できないだろうか？
自社の商品に適用できないだろうか？

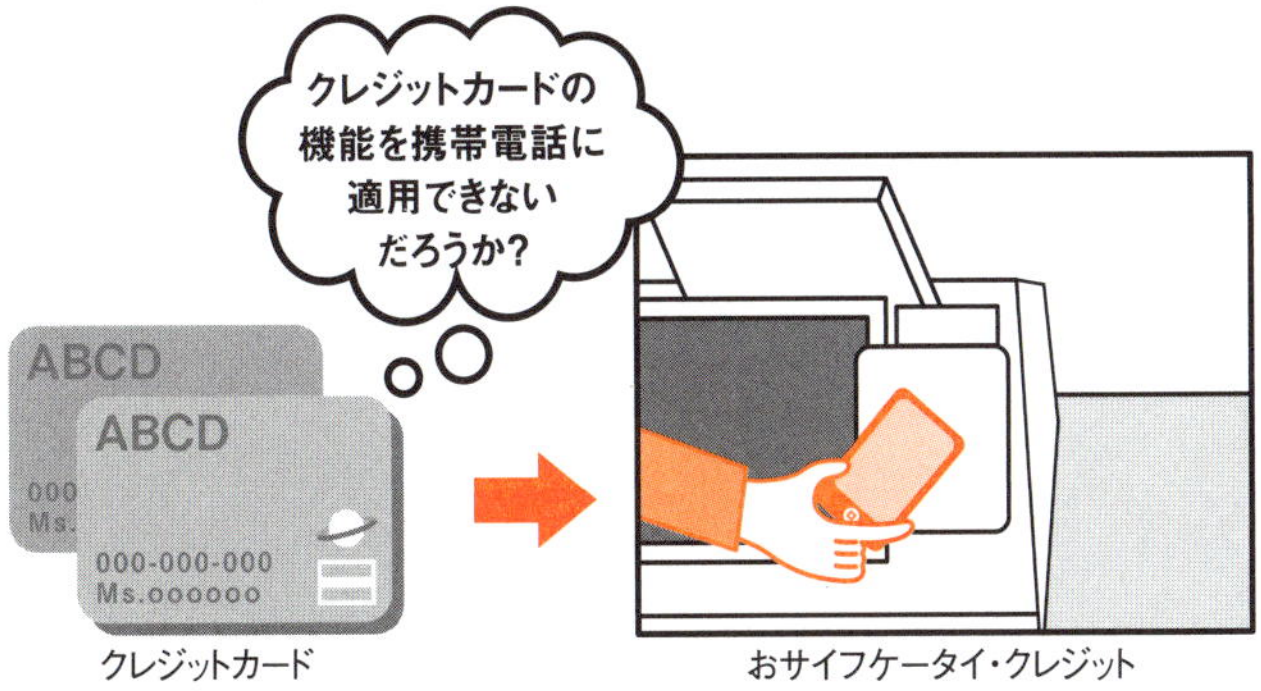

思考法② マトリクス思考
思考法③ 水平思考

カ 次にマトリクス思考を紹介しましょう。縦と横で掛け合わせて新しい発想を行う思考法です。まず、自分が作ろうと思う商品のカテゴリでのヒット商品の一覧をつくります。そのうえで、その商品が持つ本源的《ほんげんてき》な価値を表す言葉を書き出します。

ゆ 本源的価値って何ですか？

カ **その商品がお客さんに対して、与える究極的な価値のことです。** たとえば、スターバックスコーヒーの本源的な価値はなんだったか覚えていますか？

ゆ あ！「第3の場」ですね。170ページで学びました！

カ その通り。家庭でも職場でもない場を提供しているんですね。『ビジネスプランニングの達人になる法』（ＰＨＰ研究所刊）によると、ヒット商品に共通してみられる特徴として、「安全」「安心」「快適」「楽しい」「満足感」「優越感」「期待感」「便利」「健康に良い」などの本源的価値があります。縦軸にそれらのワードを並べて、横軸に自分が作りたい商品を配置し、掛け合わせて考えます。

ゆ　わたし「ゆるビジ子ランド」をつくりたいんですけど。

カ　「健康に良い」と掛け合わせるとどうですか？

ゆ　温泉やマッサージ付アトラクションがある？

カ　それはまさに健康ランドですよね。

マトリクス思考とは

ヒット商品の本源的な価値を表すWordを並べて、自社製品の新アイデアを出す方法

〈例〉　安心　潤い　悩みの解消　安全　心地よい　解放される
快適　癒される
共有する喜び　便利　優越感　創造的　親近感　楽しい
健康にいい…

▶「ゆるビジ子ランド」とかけあわせると…？

本源的な価値	ゆるビジ子ランド
健康にいい	温泉、マッサージ付アトラクション＝健康ランド!?
優越感	1日10組限定の遊園地!?
悩みの解消	人生相談ができるキャラクター!? 占いの館!?

水着で家族で楽しめて健康にもいい。「第3の場」にも近いかもしれませんね。

ゆ うーん、健康ランドとは違うんだけど……。

カ 最後に、**水平思考**をご紹介しましょう。これは、『コトラーのマーケティング思考法』（東洋経済新報社）に詳しく説明されていますが、以下の3つのステップで新しいアイデア、コンセプトを生み出す方法です。**①フォーカスを選択する、②水平移動により、ギャップ（=刺激）を誘発する、③ギャップを埋める方法を考える**

ゆ 具体的には？

カ フォーカスとは、対象となるもののことで、たとえば、花を設定しましょう。花の特徴ってどんなものがありますか？

ゆ 香りがいいとか、色がきれいとか、枯れてしまうとか。

カ 「枯れてしまう」をさかさまにすると？

ゆ 枯れない？

カ それが水平思考における「逆転」という発想で、「枯れない花」という、つまり造花という新しい商品が生まれるのです。「逆転」のほかに「代用」「結合」「強調」「除去」「並べ替え」などの方法があります。

水平思考とは

イギリスのE＝デボノが唱えた創造的思考法。問題解決に当たって、あらかじめ設定された既成の枠組みに従って考えること（垂直思考）を離れ、さまざまな角度から自由に思考をめぐらして解決の手がかりをつかむこと（『大辞林第三版』（三省堂）より）

❶フォーカスを選択する
❷水平移動により、ギャップ（＝刺激）を誘発する
❸ギャップを埋める方法を考える（連結）

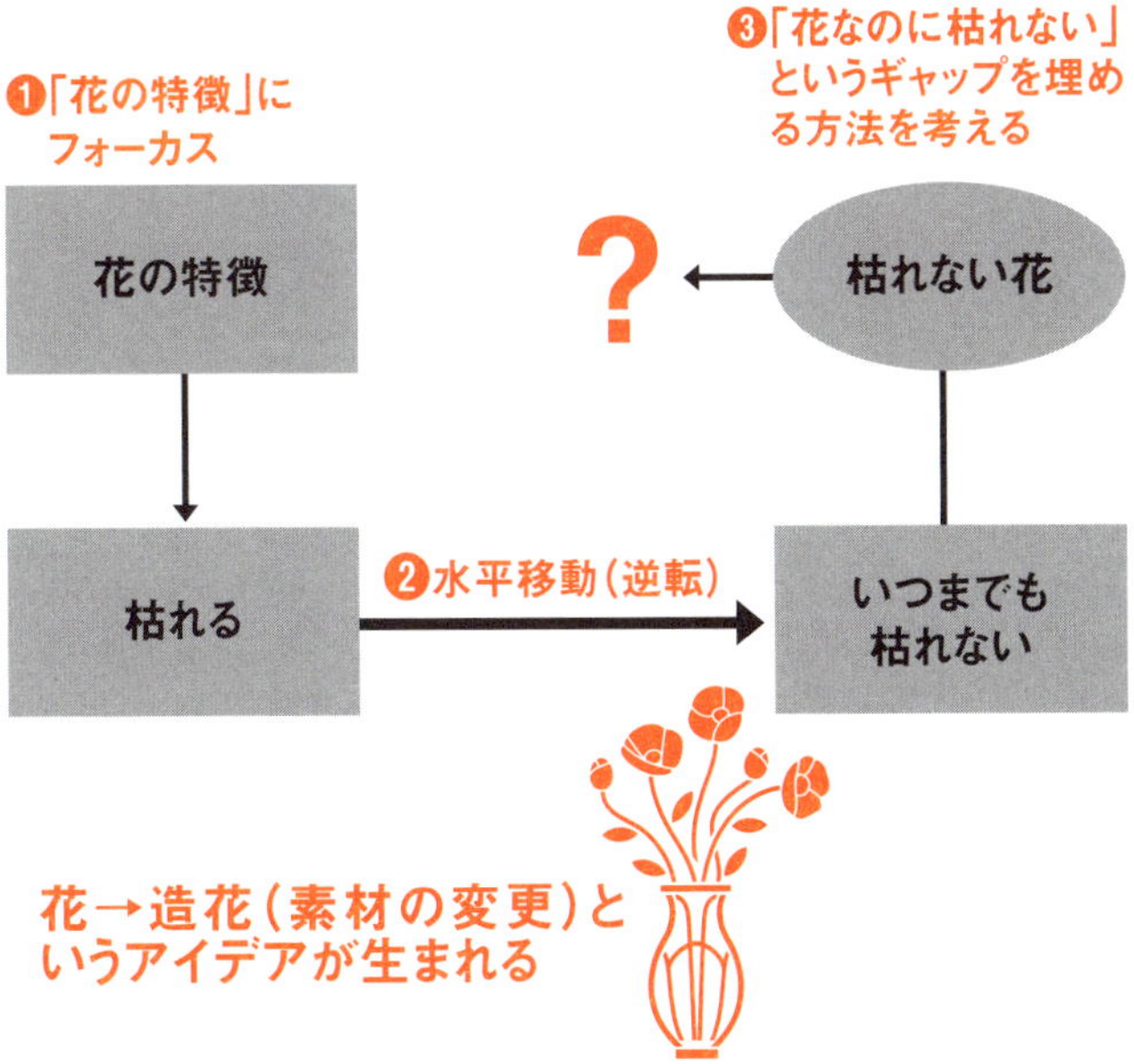

実践編
新規ビジネスのつくり方

魔法の言葉「STP4PM」でマーケティング戦略をつくろう！

カ ビジネスモデルができたら、次はマーケティング戦略をつくりましょう。**STP4PM**です。

ゆ なんの暗号ですか？

カ Sは**セグメンテーション**、Tは**ターゲティング**、Pは**ポジショニング**、4Pは**プロダクト（商品）**、**プレイス（売場）**、**プライス（価格）**、**プロモーション（販売戦略）**。Mは**顧客マネジメント**です。

「セグメンテーション」とは、同質なニーズのグルーピングのことです。基準例としては、地理的軸、人口統計的軸、心理的軸、行動面の軸などがあります。

「ターゲティング」とは、セグメントした顧客グループからどのグループを自社の対象にするかを決めることです。

ゆ　対象を絞らない方がたくさん売れるんじゃないですか？

カ　ターゲットを絞るからこそ、経営資源（ヒト、モノ、カネ、情報）を効率的に使用できるので成功しやすいのです。

次に、**「ポジショニング」**とは、ターゲットに対してどのような便益を認識してもらうのかを明示するものです。

ゆ　4Pは聞いたことがありますが、その前にセグメンテーションとターゲティング、ポジショニングをしなければいけないんですね。

STP4PM とは

S　セグメンテーション：同質なニーズのグルーピングのこと。基準例としては、地理的軸、人口統計的軸、心理的軸、行動面の軸などがある

T　ターゲティング：セグメントした顧客グループからどのグループを自社の対象にするかを決めること

P　ポジショニング：ターゲットに対してどのような便益を認識してもらうのかを明示するもの

4P　プロダクト、プレイス、プライス、プロモーション：マーケティングの基本

M　顧客マネジメント：売って終わりではなくリピーターとなってもらうための施策

カ その通りです。たとえば、**妊娠検査薬**の例で考えてみましょう。どんな人がターゲットでしょう？

ゆ 妊娠したくない人？　あ、妊娠したい人も使いますね。

カ **妊娠したくないセグメント**をターゲットにした場合には、ポジショニングは、「妊娠していないことがすぐにわかり安心させる」という便益になります。

一方、**子どもがほしいセグメント**がターゲットの場合は、「簡単に間違いなく診断する」が、ポジショニングになります。

ゆ なるほど。そうすると、４Ｐもまったく異なってきますね。

カ そうなんです。だから、４Ｐの前にＳＴＰが必要なのです。

ゆ 子供がほしくない人向けの場合は地味なパッケージと避妊具の近くで安くて買いやすいことが重要ですね。反対に、子どもがほしい人向けの場合は、赤ちゃんの顔などが載った明るいパッケージで、薬局の目立つ場所でも売れそうですし、多少高くてもいいですね。

カ 最後に、**「顧客マネジメント」**とは、売って終わりではなくリピーターとなってもらうための施策です。１人のお客さんが生涯で購入してくれる価値を**ＬＴＶ（ラ**

イフタイムバリュー）といいます。これをできるだけ大きくすることが重要です。新規顧客獲得コストはリピーターの約5倍のコストがかかるといわれていますからね。

セグメンテーション、ターゲティング、ポジショニングによって、4Pが異なってくる

例）妊娠検査薬の場合

ターゲット①子どもができることを恐れているセグメント
・ポジショニング：妊娠していないことがすぐにわかって安心できる
・4P：地味なパッケージ、安価、避妊具の近くなどが買いやすい売場？

ターゲット②子どもを望んでいるセグメント
・ポジショニング：間違いなく診断する
・4P：明るい色のパッケージで赤ちゃんの顔、多少高めの価格、薬局の目立つ場所？

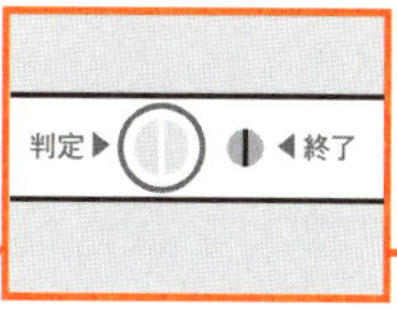

ビジネスを「ポジショニング宣誓書」にまとめてみよう！

㋕では、182ページでも紹介したZARAの事例を使って、STP4PMをつくってみましょう。

㋴「セグメンテーション」は子どもから40代までの男女でファッションに関心がある人ですね。

ZARAの商品はおしゃれでそこそこ安いから、「ターゲティング」は、20代～30代で流行に敏感な女性という感じでしょうか。

㋕はい。ZARAは店舗を目立つところに構えているので、都心部の会社に勤めていたり、その周辺に住んでいる人ともいえますね。

「ポジショニング（顧客に与える便益）」はどうかな？

ゆ 一言でいえば、他の人があまり着ていない流行のデザインの服が手頃な価格で買えることでしょうか。

カ いいですね。**「4P」**はどうですか？

ゆ プロダクトは、小ロット生産の流行の服ですよね。

プライスは、手頃な価格（数千円）。

プレイスは、都心部の一等地の直営店舗。WEBサイトでの販売もありますね。

プロモーションは、広告はほとんどせず、店舗の商品を頻繁に入れ替えることでリピーターを増やす。

ZARAの「ポジショニング宣誓書」

①ターゲットセグメント

セグメンテーション基準	
地理的軸	都市部在住もしくは勤務
人口統計的軸	20〜30代、女性、中所得層、独身、家族
心理的軸	買い物好き、ファッションに関心がある

②顧客のニーズ

- **手頃な価格で流行のファッションを身につけたい**
- **大量生産商品で他の人と同じものは着たくない**

③ターゲットに認識してもらいたい便益

- **最先端の流行ファッションが、いち早く手頃な価格で購入できる**
- **種類が豊富で回転が早い**
- **いつも新しい商品があり、新しい発見がある**

㋕すばらしい。

「**顧客マネジメント（リピーターの獲得）**」はどうですか？

ゆさっきも言いましたが、流行の服を次々と店頭に並べることで、頻繁に来店してもらえるようにしたり、小ロット生産なので、その場で買わないと売り切れてしまうと思わせることでしょうか。

㋕店頭のディスプレイの衣装も非常に頻繁に変えているそうです。

ゆインターネットやＳＮＳも積極的に活用し、ニュースレターで会員に最新情報などを送っていますね。

㋕では、これらをまとめて「**ポジショニング宣誓書**」と「**ポジショニングマップ**」をつくってみてください。

「ポジショニング宣誓書」とは、顧客に商品の便益を明示し、顧客にどのように認知されたいのかをまとめたものです。具体的には、次のようになります。

①ターゲットセグメント
②顧客のニーズ
③ターゲットに認識してもらいたい便益

「ポジショニングマップ」とは、競合企業との違いを明らかにする図です。下の図をご覧ください。

ゆ　おお、わかりやすいですね。

ここまできたら、新ビジネスができたも同然ですか？

カ　あとは、売上予想、コスト、資金計画を検討して事業計画書をつくれば完成です。

ZARAの「ポジショニングマップ」

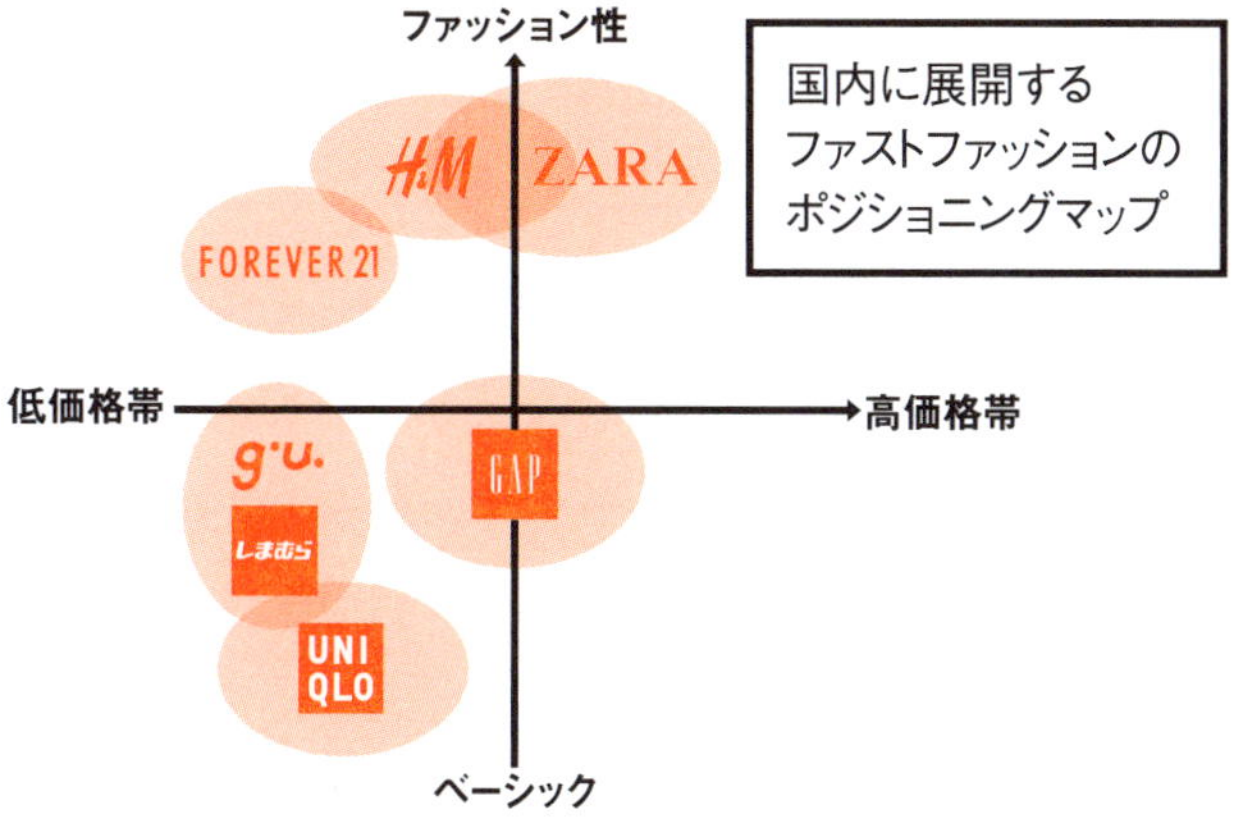

プラットフォーム戦略 ワークシート

P34～を参考に、自分でプラットフォームを使ったビジネスモデルを考えて、書き入れてみよう!

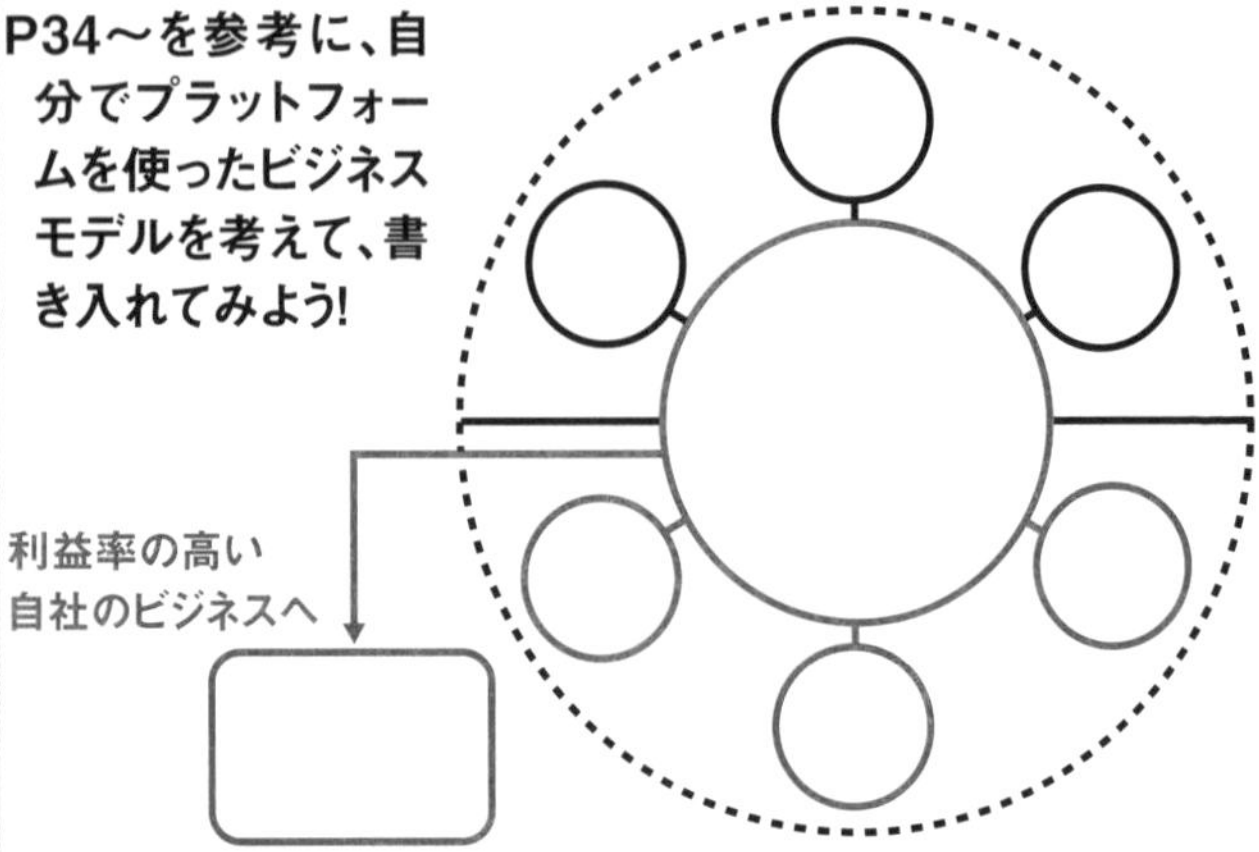

プラットフォーム構築の9つのフレームワーク

1.事業ドメイン:
2.ターゲットグループ:
3.交流する仕組み:
4.キラーコンテンツ:
5.価格戦略、ビジネスモデル:
6.価格以外の魅力:
7.ルール:
8.規制などのリスクの有無:
9.「進化」するための戦略:

ブルーオーシャン戦略ワークシート

P150～を参考に、既存のビジネスをブルーオーシャンのワークシートにあてはめてみよう!

ブルーオーシャンを見つけるための4つのアクション

取り除く	増やす
減らす	付け加える

戦略キャンパスを描いてみよう！

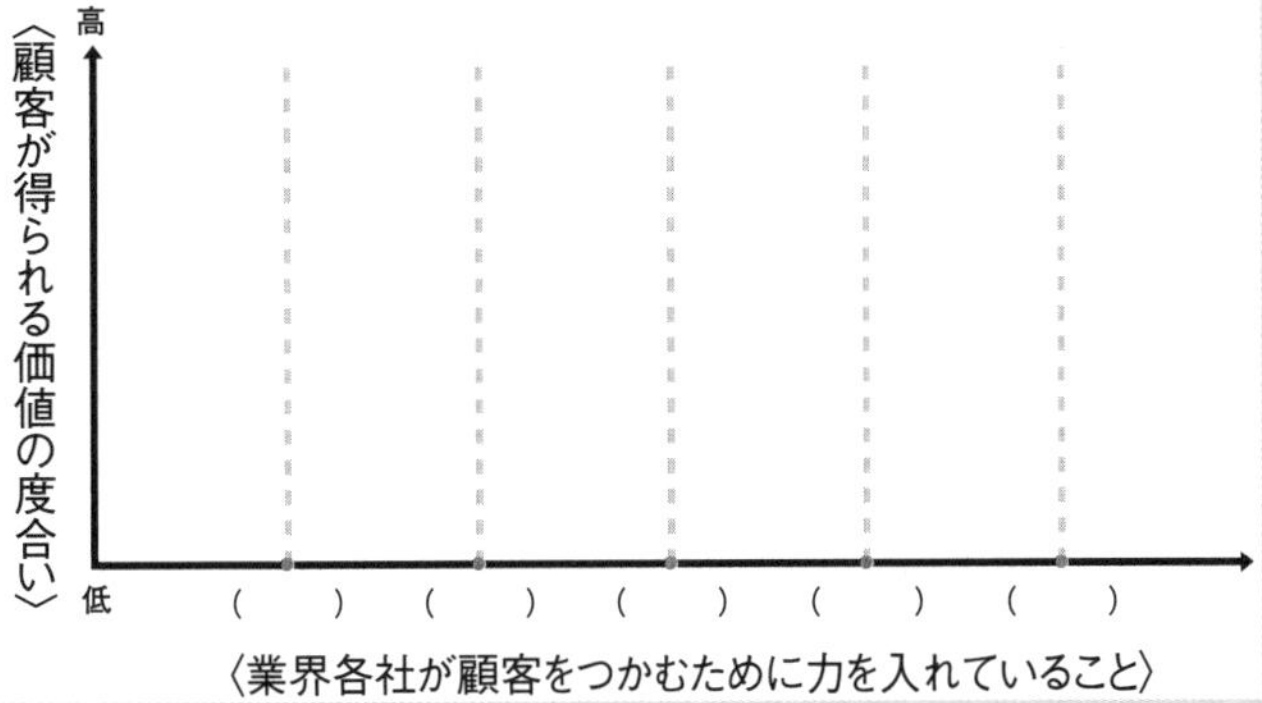

ワークカード A　ビジネスモデルを見える化しよう！

新規ビジネスを考える前に、自社のビジネス、競合企業のビジネスをしっかり把握しましょう!

［カードの使い方］左ページを必要な枚数コピーし、それぞれのカードを切り抜き、下記のように白枠に記入し、ホワイトボードなどに貼り付けてビジネスモデルを図で理解してみましょう。

例）自社がWEB書店の場合、書評ブロガーへのアフィリエイトの仕組み

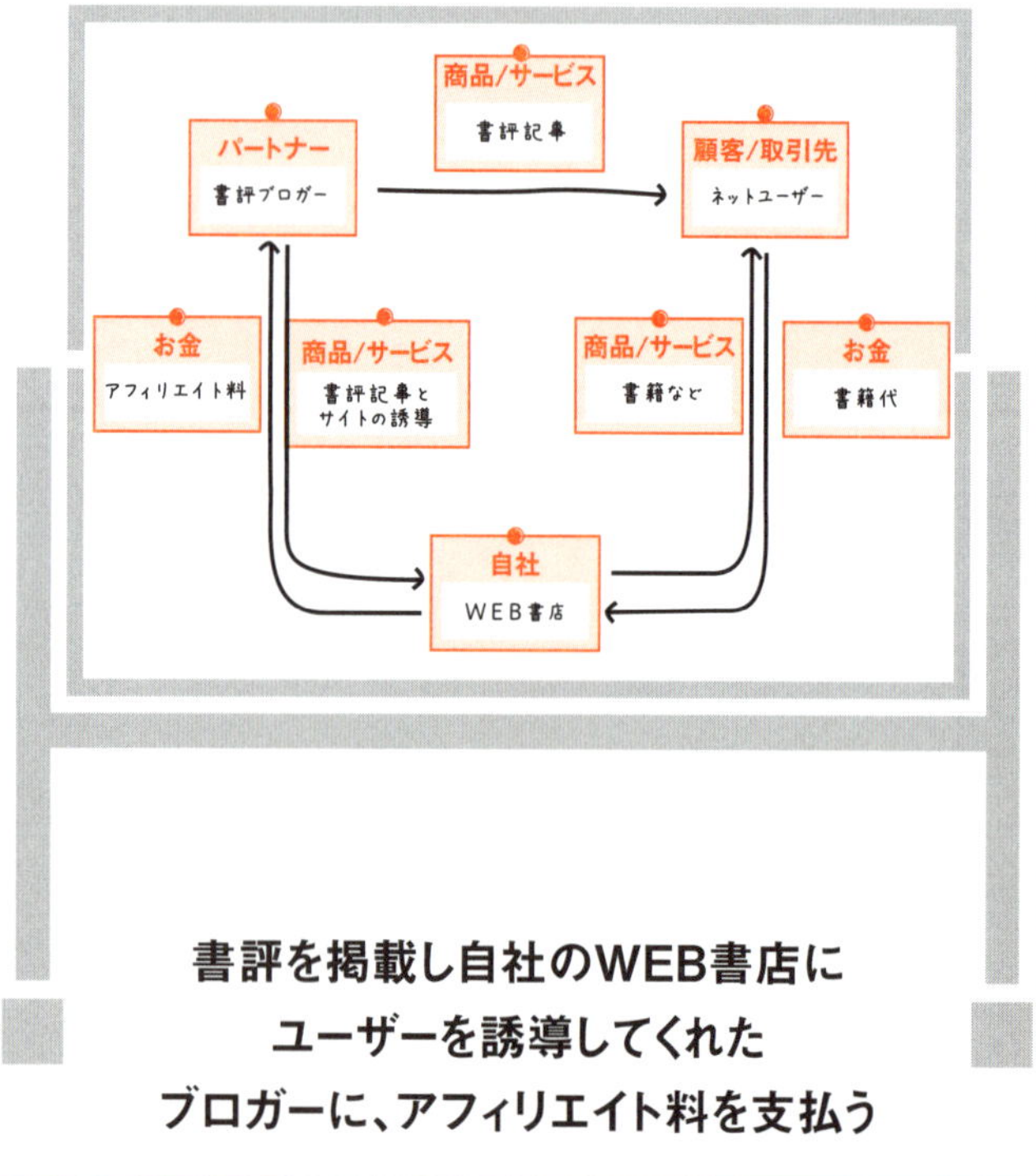

書評を掲載し自社のWEB書店に
ユーザーを誘導してくれた
ブロガーに、アフィリエイト料を支払う

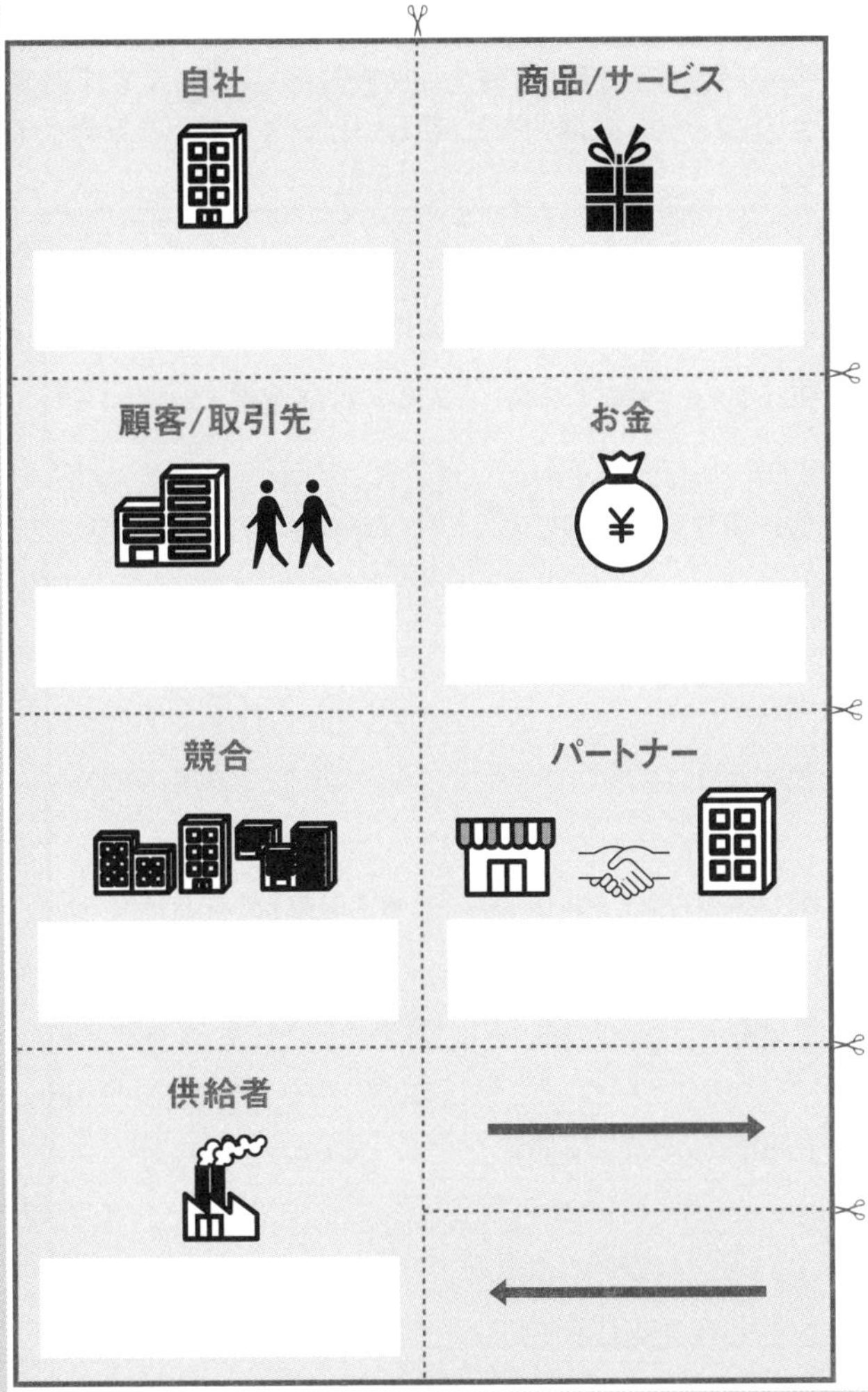
自社
商品/サービス
顧客/取引先
お金
¥
競合
パートナー
供給者

ワークカードB　ビジネスモデル×業種

［使い方］コピーして切り取り、ビジネスモデル（下図）と業種（左ページ）からそれぞれ1枚カードをランダムに選んで、「農業×プラットフォーム戦略®」など、新しいビジネスモデルを考えてみましょう。

フリー戦略（P26）	会員制モデル（P106）
プラットフォーム戦略®（P34）	ブランドマルチ展開モデル（P110）
オープン戦略（P54）	ソリューションモデル（P118）
ソーシャル活用モデル（P62）	BOPモデル（P138）
「カミソリと刃」型モデル（P86）	ブルー・オーシャン戦略（P150）
逆「カミソリと刃」型モデル（P90）	参入障壁モデル（P166）
分割モデル（P94）	「マルチ販売ルート」型モデル（P178）
ロングテールモデル（P98）	SPAモデル（P182）
製品ピラミッドモデル（P102）	中抜きモデル（P190）

農業	水道業	保険業
漁業	通信業	不動産業
食品製造業	放送業	レンタル／リース業
飲料製造業	インターネット関連業	広告業
繊維製品製造業	映像／音声制作業	宿泊業
紙製品製造業	鉄道業	飲食店業
印刷業	郵便局	理容／美容業
革製品製造業	食品小売業	教育業
電力供給業	銀行業	自動車製造業
ガス供給業	貸金／クレジットカード業	医療／介護事業

業種を増やしたい時は、空白のカードに書き込みましょう。

あとがき

最後までお読みいただきありがとうございました。

本書では多くのビジネスモデルの事例をご紹介しましたが、あなたのビジネスのヒントは見つかりましたでしょうか？

成功する新しいビジネスは、すでにあるサービスや商品を少しだけ変えたものが多いといわれています。

ユーザーのニーズ、テクノロジーや社会の意識は常に変化しています。たとえその変化が人々に試練を与えるものであったとしても、あらゆる変化は新しいビジネスを生み出すチャンスでもあります。

武士道には「守・破・離」という教えがありますが、新ビジネスのアイディアもまずは先人の成功事例・失敗事例を学ぶことから生まれるものだと思います。

本書で取り上げたビジネスモデルの事例をまわりの人にあなたから「口頭で紹介」してみてください。

そうすることで、「新しいビジネスを興そう！」と思う人を増やすことができると同時に、あなた自身にとっても、これらの事例が知識ではなく「常識」として定着するはずです。

本書は、２０１２年12月に発売された『カール教授と学ぶ　成功企業31社のビジネスモデル超入門！』を再編集したものです。巻末に実践編として「新規ビジネスのつくり方」を入れているのは、ビジネスモデル構築セミナーを行う中で、参加者のみなさんとのやりとりを通じて、実際に考え、手を動かしてつくってみるということが非常に重要だと感じたからです。巻末付録のワークカードを使って、同じ志を持った仲間とのワークショップを行うことをおすすめします。

そして最も大切なのは、アイディアを「実行」に移していくことです。インターネットやソーシャルメディアの普及により、かつてないほどにビジネスを立ち上げるためのハードルは低くなってきています。

ぜひ「絶対に成功させる！」という「情熱」を持って実行してみてください。

今後も厳しい経済状況が続くと思われる日本において、「新ビジネスをつくる」ことの重要性はかつてないほどに高まっています。

本書がその小さな一歩になれば無上の喜びです。日本から世界へ飛翔するような新しいビジネスモデルを生み出すことこそ、日本再生への道だと信じています。

最後になりましたが、本書の企画をご提案いただいたディスカヴァー・トゥエンティワンの干場弓子社長に心より御礼を申し上げます。

平野敦士カール

参考文献

○『プロフィット・ゾーン経営戦略―真の利益中心型ビジネスへの革新』エイドリアン・J・スライウォツキー、デイビッド・J・モリソン／ダイヤモンド社

○『ホワイトスペース戦略　ビジネスモデルの〈空白〉をねらえ』マーク・ジョンソン／阪急コミュニケーションズ

○『プラットフォーム戦略』平野敦士カール、アンドレイ・ハギウ／東洋経済新報社

○『ブルー・オーシャン戦略 競争のない世界を創造する』W・チャン・キム、レネ・モボルニュ／ランダムハウス講談社

○『フリー〜〈無料〉からお金を生み出す新戦略』クリス・アンダーソン／日本放送協会

○『経営戦略の思考法』沼上幹／日本経済新聞出版社

○『マネジメント・テキスト 経営戦略入門』網倉久永、新宅純二郎／日本経済新聞出版社

○『〜Twitter、Ustream.TV、Facebookなど、ソーシャルメディアで世界一成功した男〜ゲイリーの稼ぎ方』ゲイリー・ヴェイナチャック／フォレスト出版

○『ザッポスの奇跡（改訂版）〜アマゾンが屈した史上最強の新経営戦略〜』石塚しのぶ／廣済堂出版

○『一気に業界No．1になる！「新・家元制度」顧客獲得の仕組み―どんなビジネスにも使える！継続率96％の秘密』前田出／ダイヤモンド社

○『ケースブック 経営戦略の論理』伊丹敬之、西野 和美／日本経済新聞出版社

○『イノベーションと企業家精神』ピーター・ドラッカー／ダイヤモンド社

○『コトラーのマーケティング思考法』フィリップ・コトラー、フェルナンド・トリアス・デ・ベス／東洋経済新報社

○『アナロジー思考』細谷功／東洋経済新報社

○『[新版]ビジネスプランニングの達人になる法』志村勉／pHP研究所

この書籍は 2012 年 12 月に刊行された『カール教授と学ぶ　成功企業 31 社のビジネスモデル超入門！』（B5 判）をリサイズ・再編集したものです

図解 **カール教授と学ぶ**
ビジネスモデル超入門！

発行日　2016 年　2 月　20 日　第 1 刷

Author　平野敦士カール

Book Designer　岸和泉／寄藤文平　杉山健太郎（文平銀座）
DTP　株式会社アスラン編集スタジオ
本文デザイン　TYPEFACE ／株式会社アスラン編集スタジオ

Publication　株式会社ディスカヴァー・トゥエンティワン
〒 102-0093　東京都千代田区平河町 2-16-1 平河町森タワー 11F
TEL　03-3237-8321（代表）
FAX　03-3237-8323
http://www.d21.co.jp

Publisher　干場弓子
Editor　井上慎平＋大竹朝子

Marketing Group
Staff　小田孝文　片平美恵子　吉澤道子　井筒浩　小関勝則　千葉潤子　飯田智樹　佐藤昌幸　谷口奈緒美　山中麻吏　西川なつか　古矢薫　米山健一　原大士　郭迪　松原史与志　蛯原昇　安永智洋　鍋田匠伴　榊原僚　佐竹祐哉　廣内悠理　安達情未　伊東佑真　梅本翔太　奥田千晶　田中姫菜　橋本莉奈　川島理　倉田華　牧野類　渡辺基志
Assistant Staff　俵敬子　町田加奈子　丸山香織　小林里美　井澤徳子　藤井多穂子　藤井かおり　葛目美枝子　竹内恵子　清水有基栄　川井栄子　伊藤香　阿部薫　常徳すみ　イエン・サムハマ　南かれん　鈴木洋子　松下史
Operation Group
Staff　松尾幸政　田中亜紀　中澤泰宏　中村郁子　福永友紀　山﨑あゆみ　杉田彰子

Productive Group
Staff　藤田浩芳　千葉正幸　原典宏　林秀樹　三谷祐一　石橋和佳　大山聡子　堀部直人　林拓馬　塔下太朗　松石悠　木下智尋

Proofreader　株式会社文字工房燦光
Printing　大日本印刷株式会社

ISBN978-4-7993-1843-0